친정 나들이·둘

인문학 시인선 030

친정 나들이·둘
신순임 제7시집

제1쇄 인쇄 2025. 3. 15
제1쇄 발행 2025. 3. 25

지은이 신순임
펴낸이 민윤식
펴낸곳 인문학사

등록번호 제 2023-000035
서울시 종로구 종로19(종로1가) 르메이에르빌딩 A동 1430호
전화 : 02-742-5218

ISBN 979-11-93485-27-9 (03810)

ⓒ신순임, 2025
Printed in Seoul, Korea

*잘못 만들어진 책은 본사나 구입하신 서점에서 교환하여 드립니다.
*이 책은 저작권법에 의해 보호받는 저작물이므로 저작자와
 출판사의 서면동의 없이는 무단 전재와 무단복제를 금합니다.

인문학 시인선 030

친정 나들이·둘

신순임 제7시집

인문학사

시인의 말

고향 향한 그리움

모정母情에서 출발한

든든한 후원자요

현명한 리더로서

현실 일깨워 애향심 북돋우니

시공 초월하는 친정 나들이

시집 간 딸네에게

이보다 더 든든한 배경 있을까?

산소카페 가꾸는 사람들

가난이 낸 숙제

거뜬히 해낸 시간 돌아보며

먹먹한 가슴으로

고개 숙여 경의를 표한다.

을사년 정월에
학유鶴遊 신순임

차례

시인의 말 ──── 5

제1부 – 친정 가는 길

친정 가는 길 1 ──── 12
친정 가는 길 2 ──── 14
친정 가는 길 3 ──── 15
친정 가는 길 4 ──── 17
친정 가는 길 5 ──── 20
소헌 왕후의 내향 ──── 22
진보 향시 ──── 24
산남지역의 덤불혼인 ──── 26
산남지역의 육문중 오약 ──── 28
오선동 ──── 30
현비암 ──── 32
달기 약수탕 ──── 34
청송 3대 명물과 꽃돌 ──── 36
수달래제 ──── 39
대성계 ──── 40
태백산 호랑이 ──── 42

제2부 – 두문동재를 넘으며

두문동재를 넘으며 ——— 46
인심 꽃 피고 지는 중들 ——— 47
중들인이여 ——— 48
백석탄에서 ——— 49
취객 맞이 ——— 50
태교에 대해 ——— 52
제사에 대해 ——— 54
대는 이어야지 ——— 56
갑술진사 ——— 58
청송 ——— 60
청송 꿀사과 ——— 61
평산농원 ——— 62
형체만 남은 고향 ——— 63
편지 ——— 64
호국의 달에 ——— 65
그리움 달래기 ——— 66

제3부 – 농사의 날

24절기 따라 살았다네 ─── 70
농사의 날 ─── 74
정월 대보름에 ─── 76
귀신 단오에 ─── 78
수릿날 ─── 81
단오 천렵 ─── 83
소만 떡과 영풀 베기 ─── 85
퇴비 증산 운동 ─── 87
주토 ─── 89
기우제 ─── 91
삼굿 ─── 93
풋구 나무 ─── 95
납일 ─── 97
농부의 정식 휴가 ─── 99
88번 ─── 101

제4부 – 아부지가 빌린 힘

불훤재 종택 선영에 대해 ──── 106
반송된 시집 ──── 109
아부지가 빌린 힘 ──── 110
아부지를 고발합니다 ──── 112
아부지 수첩 정리하며 ──── 114
무승부 ──── 116
걸레 ──── 117
국화빵 ──── 118
중들띠이 ──── 119
홍택 ──── 120
거름대 ──── 122
기억이 키우는 국화 ──── 123
담배 ──── 124

제5부 – 산문 두 편

중평교 건설에 대해 ──── 126
아부지와 미룬 여행 ──── 131

평설
청송 명가의 위덕과 전통 유학의 기풍을 담다/조명제 ──── 141

제1부

친정 가는 길

친정 가는 길 1

오호통재라 라이더들의 해방구라니

유네스코 세계 지질공원 지정 받으며
신성계곡 산대배기 공룡 재현해
그네들 발자국 따라 흔적 살펴보고
습곡 구조 자연스레 살필 수 있게 정원 조성하고
위장병 신경통 부인병에 좋다는 달기 약수탕
기암 괴봉의 주왕산
관내 흩어진 주상절리 절경들 재조명 받아
삶에 고단함 느끼는 이들에게
살아 있는 자연의 양기 듬뿍 내어주는 곳

손익계산서 안중에 없이 퍼내기 바쁜 산소카페*
산나물 고로쇠 어패류 과실류와 갖추갖추 농산물
주왕산 약수탕 덕만은 아님을 입증하며
인구 소멸 지역 벗어나려 노심초사라
그 속 헤아리는 해와 달과 별
빛의 세기 더 높여 청정 기운 무한대인데

시간 전하는 온도도 높낮이 따라 바꾸던 삼자현재
범과 도적떼 출몰로 셋 이상 모여야 넘었다는 말
쌀 한 말 못 먹고 시집갔다는 말

울고 왔다가 울고 나간다는 말
삼자현 터널 1, 2호가 고래장시켰으나
튼실한 내 뿌리 꼿꼿해 고향별리 무한하건만
라이더들의 해방구라니 오호통재라

*산소카페 : 청송군 상표

친정 가는 길 2

산모랭이 꼬불꼬불 돌아날 때면
노친네 머릿수건처럼 흔들리던 들국화
억척스레 살아낸 암벽살이 흔적 들추니
철 따라 매무새 달리하던 야생화 군락
맑은 홍색 풍채로 송이버섯 몸값 알리던 소나무
불붙어 오르던 낙엽송 분신 극
색다른 초록 변화 먼저 보이던 꿀사과 황금사과
단풍 철 꼬리에 꼬리 물던 관광버스 행렬이
옛길 정서 벗기 싫다고 갓길 깔아뭉개며
순후한 인심 온몸으로 녹이던 시절
마음의 쉼터 되어 주던 곳으로 남겠다는 억지가
산허리 감아 돌며 곡예 부리던
변화의 시간 속 주인공 자처하니
유년의 평화가 피운 그리움의 꽃
팬해진 길 마뜩잖다며
빛바랜 추억록 펼쳐 들고
가물가물한 그리움에 진한 애정 덧입혀
갓 구운 추억으로 되살리는 여유의 사치
그리움과 기다림 교차시켜
텅 빈 대나무에 불어넣는 입김처럼
녹록해지는 마음 타임머신 조정하는데
산 중턱 걸린 구름자락 가르는 팬한 길
추억 속 스쳐 간 인연 아득한데

라이더들의 해방구라니 오호통재라

친정 가는 길 3

일각이 여삼추인데 꿈엔들 잊힐소냐

후손들 허리 펴고 살라고
고추 담배 주산지 명성 가감 없이 벗으니
하늘 닿을 산대배기 기운 어깨도 팔 걷어붙여
꿀사과 황금사과 키워 사과 주산지 명성 얻어
산소카페 창업한 고향 사람들
있는 집보다 없는 집 더 많던 논농사 보며
배고픔만 견딜 수 있다면 못할 게 없던 근성
자연이 살아 숨 쉬는 공간으로 탈바꿈시키며
닳은 손톱과 굽은 허리 희생물로 바쳐
후손들 교육은 하늘만큼 높이 사니
근면 성실성 앞세운 청송인 본성
고향 사랑 더 높여
오지 중 오지란 낙관 되레 기회 삼았는데
노귀재 삼자현재 마사리재 황장재 가랫재
뺑 둘러쳐도 8고조 거르면
대추나무 연 걸리듯 한 인연 속
유가의 풍습 이어 지켜온 예의범절
오래될수록 아름다운 인연으로 드러나
문화적 다양성 속 발그리한 생기 돋워
굽이굽이 첩첩의 고즈넉한 청정 쓸고 닦아

눈 가는 곳마다 천연의 힐링 작품 전시하고
알뜰살뜰 돌봐 산소카페 휴점하는 일 없건만
빈 바람 서성이게 한 고추 담배 장인들
가난의 숙제만 하다가 모도 어데 갔을까?

산 첩첩 물 굽이굽이 돌아 나는 길
고운 임 체취 맡으러 가는 길
일각이 여삼추인데 꿈엔들 잊힐소냐

친정 가는 길 4

진성현 안덕현 송생현 청부현 합해지며 청송군이 되어 문화적 이질감이 작게 현존하고 있는 곳

유학 숭상하며 사람의 도리 강건하게 지키려 부단히 노력했던 흔적 뛰어난 자연 풍광 속 고적함만 커가는데 사양서원 봉람서원 송학서원 병암서원 백호서당 부강서당 풍호정 신정 귀암정 송만정 방호정 소류정 침류정 화지재 낙금당 덕양재 경모정….

야트막한 산하로 지역적인 경계를 두고 자긍심 무장한 각 문중 간의 선의의 경쟁은 드러난 조상의 얼이 대대손손 더 발전하길 바라는 염원으로 학업에 매진해 산소카페 대들보 되었네

소헌 왕후를 배출한 고장으로 청송도호부가 설치되며 수많은 관료가 오가며 자연히 자연을 노래했는데 퇴계 선생은 도회지가 있는 청송을 동경해 청송 백학시에서

"청송백학수무분靑松白鶴雖無分 벽수단산진유연碧水丹山儘有緣"
청송 백학은 비록 분수에 없으나
벽수단산은 참으로 인연이 있었네

홍여방洪汝方은 찬경루기에서

"송백은 울울창창한데 노을 구름이 멀리 덮여 있어
맑고 그윽한 한 고을이 신선 세계 그대로이니

이곳이 바로 청송이다
송백울호창창연하松栢鬱乎蒼蒼烟霞 기애애청유일동其靄靄淸幽一洞 의연선경자依然仙境者 내청송야乃靑松也라고 했다.

운천雲川 김용金涌은 주왕산 기암시에서
주왕산을 묘사하기를

"은하수 가운데 옥경을 열었네!(은한중벽옥경銀漢中間闢玉京)"라고 했다. 즉 주왕산을 신선 세계 중에서도 옥황상제가 있는 황도로 표현했으니 참으로 적절한 표현이 아닌가?

여헌旅軒 장현광張顯光의 주왕산록周王山錄에서

"동구에서부터 길이 다한 곳에 이르기까지 5리쯤 되는 양쪽 기슭이 모두 바위였는데, 서로 포개어지지 않았으면서 아래로 바위 뿌리로부터 위로 바위 모서리까지 그 높이가 몇 장丈인지 알 수 없이 곧바로 하나의 바위로 수미일관"이라 하였다.

청송에 대한 감흥을 오롯이 느낄 수 있는 것은
지금도 산소카페가 자연을 노래하기 때문이고
찬물에 밥 말아 된장 푹 떠먹어도 부러울 게 없던 시절
피난 지세의 산세 속 손바닥만 해도 내 것이 원이던 사람들
뼛속 사리도 키울 힘으로 내리사랑 이어내며
가난이 낸 숙제 거뜬히 해내고

자연이 노래하는 산소카페 창업 토대 만드시니
산소카페 지키기 위한 이들 선대들 노고 대들보로 올려
역사 잊지 않고 선현들 가르침 되새기며 온고지신溫故知新 실행하니

화전등 우뚝 솟은 항일의병기념공원
태극기 무궁화가 의로운 혼 위로하는데
구한말 국권 찬탈 시 선비정신 분연히 일어서니
우국 충절 민초라고 달랐으랴
의롭게 살다 간 이들의 영혼의 안식처
나라를 지키기 위해 바친 거룩한 희생 앞에서
늦었지만 심심한 위로 표하며
다시는 이 땅에서 그런 난세가 없길 비는데

예나 지금이나 한결같은 소금강산*의 위용은
산소카페 홍보대사로 넉넉하고
마평의 너른 들과 풍부한 수량은
고향 사람들의 젖줄로 평화로워
친정 가는 길, 눈이 그리는 그림은 늘 대작이라
부분부분 감상은 이야기에 이야기를 더한다

*소금강산 : 주왕산

친정 가는 길 5

　은하수 건너는 견우직녀 그림자도 밝힐 듯한 빛
　골골이 넣는 명암 하늘 아래 첫 동네라는 말 진부하게
　산 그림자 늘여 태초부터 존재했던 양 낱낱이 헤아리는 굽은 길
　그 길 따라가는 길 외롭지 않다
　몸조리하는 초승달 흔적엔 관심사 거두고
　늙은 토째비만 마중 나오지 않길 빌며
　별똥별 떨어질 때 소원 빌면 이뤄진다는 말 구불구불 새기며 가는데
　산소카페에 주 품목 자연휴양림과 산림욕장을 비롯해
　산재한 주상절리와 계곡들 별빛 샤워한 몸들 슬쩍슬쩍 내비쳐
　이백李白이 쫓던 달[월月] 청해 먼 산 형상을 어둠과 교환하며
　추억의 통장 잔고 높이노라니
　추현 박씨 효자각 이전리 효자각 창양 효자각 이전리 열녀비
　월정리 효부각 신기리 효부각 눌인리 효부각 창양 효자각 어천리 효열각….
　유교의 첫 덕목 효孝와 절개에 관한 기념비들
　어려운 환경에서도 실천했던 효를 통해 현재를 돌아보며
　울울한 심정 달래 자성하는 시간 펼쳐

후대에 거울 되길 빌며 구불구불 고개 허리 푼다

옛말 거리 장만해 주던 이들 급히 산에 혹불내러 가던 황망한 걸음 되살아 만발한 그리움의 결정체 뜨겁게 내리쏟는데

장전리 향나무 홍원리 개오동나무 신기리 느티나무 비롯한 천연기념물과 보호수 노거수들 그간 받은 막걸리 맛 기억해 "없이 살면 인심밖에 좋은 게 없다"며 흙밥 먹는 이들에게 전하는 심심한 위로 보증서는 동국여지승람에서

"청송의 풍속은 검소하고 법도(인간의 도리)를 잘 지킨다
또 사람은 순박하고 습속은 순후하다"로 남았네
그 글 쓰게 한 민초들 모두 별이 된 사연 골골이 살아 친정 가는 길 밝히니
자동차 불빛 경계하는 나방들 초저녁잠 깨운 게 미편하다

오호통재라 라이더들의 해방구라니

소헌 왕후의 내향

　풍수지리를 중하게 여겼던 선인들은 청송에서 해가 뜨면 제일 먼저 보광산 문림랑군 심홍부의 묘소에 해가 들어 명산이란 소문이 자자했단다. 청송심 씨는 3왕후 4부마 13정승을 배출한 명문가로서 덕천리, 감연리에 집성촌 이루고 있다. 임진왜란 때 의병으로 대승한 벽절공(심청)과 합방 당시 병신창의丙申昌義 의병대장 소류(심성지)를 기리는 벽절정과 소류정을 미루어 보면 후손들은 그 덕과 얼을 기려 충절의 고장 입증하고 있음을 잘 보여준다.
　소헌 왕후 같은 어진 왕비가 태어났다고 바위에도 어질 賢현을 썼다는 현비암 기준으로 왕실로부터 보은을 받은 소헌왕후 내향의 흔적 더듬어 보면
　효심 깊었던 세조가 강력한 왕권을 바탕으로 모후의 내향을 청송도호부로 승격하여 437년 동안 도호부가 유지되니 조선왕조 500년 동안 거듭된 왕명(세종·세조)으로 속현屬縣에서 도호부로 승향陞鄕된 유일한 사례란다

　신라 668년(문무왕8) 의상대사가 창건하였다고 하는데 확실하지 않은 보광사
　소헌 왕후가 청송심 씨 시조의 묘에 제향하기 위해 원당 사찰로 삼았다고 한다

　소헌 왕후의 8왕자가 어머니 위해 2칸씩 건축하였고 장마철 용전천이 범람하면 보광산으로 갈 수가 없어 망제 지냈다는 찬경루
　보광사 경내 들면 오른쪽의 극락전과 마주하는 재각 만세루

관가가 있던 자리에 객사 운봉관 복원하여 청송 부사로 베
푸신 선정을 기린 송덕비 10기를 향교에서 옮겨 모시고 있는
소헌공원

　　이 고요한 산중에서 궁궐과의 거리 생각하면
　　왕과 왕후는 하늘이 내린다는 말이 먼저 떠오르는데
　　선조들의 뿌리에 대한 긍지.
　　지금의 잣대론 측정 불가라 남겨진 유적들에서 TV 드라마
나 영화의 한 장면들 불러 상상해 본다
　　'소헌문화제'에서 청송심 씨 일가에서 선발한 3왕후들이
　　찬경루에서 취타대 앞세워 4부마 13정승과 벌인 읍내 행진
을 통해
　　학문을 숭상했고 나라 위하여는 분연히 일어났으며
　　척박한 산악지세에서 보은에는 나눔을
　　모자람에는 단합한 명분으로 역경을 이겨낸 순후한 인심은
　　배려와 나눔을 실천하는 청송사람들이 순박한 삶을 살아가
는 모태가 되고 있어, 동향同鄕에의 자부심이 불룩불룩 부풀어
올라 그저 감탄사 연발하며
　　발뒤꿈치에도 못 미치겠지만 그리 살려 용 써 보며
　　청송심 씨 명문가의 경사가 이어지길 기원한다

*보광사 : 도지정문화재 유형문화재 541
*현비암 : 청송읍 월막 2동 위치
*찬경루 : 도지정문화재 유형문화재 제183호
*만세루 : 도지정문화재 유형문화재 제72호
*3왕후 : 소헌왕후(세종) 인순왕후(명종) 단의왕후(경종)

진보 향시^{鄕試}

아부지와 진성현을 돌아보며 가장 아쉬웠던 것
진성현에서 과거를 보았다는 구전 확인 못한 것
분명 집안에 과거 보신 분이 있고
영주의 선성김 씨 분이 사양서원에 수임으로 오셔서
7대조 선조가 진보에서 과거에 합격하고 돌아가는 길
반변천 급류에 휘말려 합강에서 시신을 찾았다는데
오래되어 누구신지 기억하지 못해
"야야, 잊어부자. 잘못 알았을 수도 있으니까"로 미뤘는데
어느 날 카톡 창에 혜성처럼 등장한
『곡운공기행록^{谷耘公紀行錄}』의 「교남일록」
1824(순조 24) 진보현에서 경상좌도 향시^{鄕試}가 실시되어
무려 1만 900명이 초장^{初場}에 응시했다네

호국충절의 고장
소헌왕후에 대한 왕실의 보은으로 청송도호부로 승격하고
400여 년 지나 과장으로 채택되었다는 것은
경상좌도에서 지리적 여건이 충족되었음이라
예로부터 충을 실천하고 학문을 숭상하여 동국여지승람에서

"청송의 풍속은 검소하고 법도(인간의 도리)를 잘 지킨다.

또 사람은 순박하고 습속은 순후하다" 하였으니

나라의 미래를 이끌 인재를 뽑는 자리로서 더 우뚝한 청송

퇴계 선생 생태 고향의 의미도 드러났는데

국립중앙도서관에 소장된『곡운공기행록谷耘公紀行錄』

아부지께 전할 시간 여삼추이나

너무 좋으면 눈물 흘리며 덩실덩실 춤췄다는 말

그 사이 앗아간 시간 흘겨보며 차가운 눈물 도리는데

"그 많은 인원을 수용할 수 있는 공간은

봉람서원과 신나이(신한新漢)일 것이다" 어데서 확인할까나.

*『곡운공기행록』: 조선 후기의 문신 권복權馥이
 관직 생활 중 여러 지역을 오가면서 체험한 것을 기록한 기행일기

산남 지역 덤불혼인

파천면 중평리에서 성장하여 1세기 전 문화유산 바라보는 시각

산남 지역 별다르랴만 청송군으로 함께 하는 이동사회 문화가 착시현상 일으켜 명문가 혼판 따져 덤불혼인 배경 되살려 본다

청송부에서 꼽는 반촌 입향 순서에 따라 권, 민, 신, 조, 동남, 서김

청송에서만 부른 별칭으로 명문가라도 잠시 우거한 경우 토반(그 지역 반촌)으로 인정하지 않았단다

산남 지역은 지리적으로 영천 쪽으론 노귀재

안동 쪽으로는 마사리재 청송 쪽으론 삼자현재가 가로막혀 있다

그리하여 6반촌의 혼인은 반복되어

사가, 외가, 고모가, 이모가, 매가, 처가로 엮이어 남남 없으니 홀대 못하고 함부로 하지 못하는 사이로 친분이 있으며 일을 도모함에는 서로 믿음을 앞세웠단다

안동권씨 급사중공파, 여흥민씨 문도공파, 평산신가 판사공파, 함안조씨 내헌공파, 영양남씨 운강공파, 의성김씨 도곡공파

6문중을 살펴보면 권문과 신문은 고려 개국공신의 후손

민문과 신문은 조선 태종의 박해 피해 이거했고

조문과 김문은 임진왜란 예측하고 안전한 곳으로 이거

남문은 임진왜란 중에 피난하였다

그중 조문의 손세가 가장 넓고 김문, 남문, 민문, 권문, 신문이다

민문은 조선 개국공신 후손이고 조문은 생육신의 후손이다

명문가의 후손들이 벼슬에 연연하지 않고 오지 중 오지에 은거하며 자연 벗삼아 향기를 피우며 빛나는 옥석 다듬었으니

권 : 쌍계(계창) 풍애(익) 부자

민 : 명지재(추)

신 : 하음(집)

조 : 내헌(연) 동계(형도) 방호(준도) 형제

남 : 운강(계조)

김 : 도곡(한경)

혼인은 너리 지낸다고 보내는 건 안 되고, 맞아들이는 건 괜찮다고 했다

산남 지방은 사척으로 다 걸린 연비연사로 남남이 없다고 하여 덤불혼인이라고 했단다

*권홍기, 민준기, 신두현, 조용하, 남석걸, 김윤환

산남 지역 육문중六門中 오약五弱

한양과 거리 재기도 뭣한 산골에서
남인과 노론으로 갈려
반가의 격상 논한 양반들 정치색이 뭣이라고
전국에서도 없이 청송부에서만 존재했다는
육문중六門中 오약五弱*

타고 난 본관은 훌륭하나
청송 입향하여 멀어진 벼슬길 바라기하며
선비의 삶으로 유풍 지키니
홀대는 못하고 양반 대접하며
약弱으로 정한 청송인들 존심은
노귀재 마사리재 삼자현재가 보여주는데
소헌 왕후 배출한 가문일지라도
의리 내세워 정치 지선으로 딱 자르고
마뜰 대성大姓 달성서 씨는
산남 지역 아니라고 빼는데
지금의 잣대는 감히 한 푼 논할 수 없는데

변하는 세월 따라가지 못하고
1세기만 흔적조차 낡아버린 양반의 품계
징징댈 힘도 남지 않았건만
입에서 입으로 내려오던 말은

가물에 콩 나듯 존재 드러내니

구름도 달도 쉬어 가는 청송은

옛것 녹이는 긴 시간 앞 느긋하다

*육문중 : 권, 민, 신, 조, 동남, 서김. 신성리 새마을권씨,
 당리 여흥민씨, 복동 평산신씨, 안덕 함안조씨,
 개일리 영양남씨. 현서면 의성김씨
*오약 : 거대 대흥백씨, 한실 분성김씨, 고와리 경주김씨,
 현서면 도동 의성김씨(옛 서면). 현서면 묵방 밀양박씨(옛 서면)

오선동 五仙洞

스스로 신선이라 칭해도
아무도 토 달지 않음을 보면
속세의 신선임에는 틀림이 없음이라
오선 그림자라도 느껴보려 신성계곡 들어
오롯이 깨운 감성 곤추세운다
하늘 품은 물이 나를 띄워 올리면
물속의 나와 하늘 속의 나 사이에서
부풀어진 상상력 허공에서 노래하고 춤추며
감탄사 펴나른다
겹겹의 층암절벽 둘러싼 계곡 품에 안은 옥수
문장 하나씩 끌어다 설렁설렁 행군다
오선이 앉았던 반석인가?
유체이탈했던 상념 스르르 녹아 백석 닦는데
굽이굽이 돌아드는 물길
500여 년의 시간 되돌려
맑은 마음 바닥 펴 청정 자연 고스란히 담아
유네스코 세계 지질공원으로 내어놓는데
신선이기 이전
임진왜란, 정묘호란, 병자호란에서
충의지사의 진면모 드러내 충절 표하고
광해군의 폭정에 반해 산림처사 자처한 선비정신
자유민주주의 체제에서 큰 울림 울리는데

가치관이 달라진 선비들은 묵묵부답이라

신성계곡이 이른다

내가 품고 있는 비경 앞

신선 아니 됨이 이상하지 않은가?

*오선동 : 창석 이준, 동계 조형도, 풍애 권익, 방호 조준도,
하음 신집 등 신선을 자칭한 다섯 선비가 노닐던
방호정 일대의 신성계곡

현비암

골짝, 골짝의 새벽 다그쳐 나온 교복과 흰 운동화에
흙 문양 새기던 먼지
비포장 길 돌멩이들 멍 때리는 시간 굴리고 굴리며
찾아내던 낱말 상형문자로 옮기던 용대이 비알 올라
무심한 용전천 살리는 현비암 절경 보곤 숨죽였는데
용이 있어 함부로 드나들면 안 된다는 금기사항 앞
청마(유치환)의 바위가 먼저 다가와
"꿈꾸어도 노래하지 않고 두 쪽으로 깨뜨려져도
소리하지 않는 바위"로
묵직한 청송의 성정으로만 인식했던 여고 시절
무섭던 교칙은 피어나는 감수성 눌러
세월이 익힌 백발 앞세워 현비암 다다르니
용 형상의 바위는 도로에 내어주고
꼬리는 만세루 우물에 걸친 채
머리는 성황당 받침이 되었고나
용전천 깊고 푸른 소는 승천하지 못한 용이 흘린
원한의 눈물이란 슬픈 전설은 그대로 남아
여름이면 물놀이장이 되고
겨울이면 인공빙벽으로 다시 나 새로운 절경 선사하는데
"현비암 솟아나 절경을 이룬 이곳이 청송의 여중·고라네"
부르고 부르던 추억은 나이도 잊고 파랗고 파란데
소헌 왕후 어진 심성 낳은 땅 청송 靑松은

전설 같은 절경만 회자되노니
노을빛에 더 드러난다는 성황당 향해
기억 속에서만 살아 있는 청송이 아니라 생동하는 청송
사람이 사람답게 살 수 있는 곳으로
유지 계승되기를 빌고 빈다

달기 약수탕

이전부터 물먹으러 갈 계획이 서면 나쁜 일 안 하고
사생활도 절제해 공들였으며
상여(장례 일체)와 뱀 보면 못 갈 만큼 신성하게 여겼던
상, 중, 하탕, 신탕, 욕탕, 천 탕…. 달기 약수탕
탄산성분이 많아 위장병에 특히 효험이 있단다
노환에 시달리는 어른 계시던 시절
보릿고개 경험한 세대들 또한 크고 작은
위장병 지녔기에 약물은 좋은 치료제라
종종 물 초롱으로 약물 떠 왔는데
약효 제일 좋다는 하탕에는
외지에서 온 관광객과 여관에 머무르며 요양하는 이들
인근의 주민들이 똬리 틀어 주로 노천의 약물 떴다
철 성분의 황톳빛 부시레기 가라앉은 돌바닥
물 고이기를 못 참고 바가지 화음 깔면
"엿 사요. 엿 사요"로 리듬 타는 엿장수
"엿 먹어야 약물 많이 먹을 수 있다"는 선전
외지인들 주머니 털어낼 때 보개토*에 볶은 콩 내들고
"밭에서 나는 쇠고기도 물맛 당긴다"고 고신내로 반박할 때
"사카린만 넣으면 사이다요"라는 장사꾼
달달한 유혹은 지금도 아쉬운데
뜬 약물 흙에 놓으면 효과 없다고 하여

주변 철 성분이 든 작은 돌 몇 개 넣어서
끌어안았다가 머리에 였다가 양손 번갈아들고 오면
귀하게 나누던 모습 살아 꿈틀이는데
닭백숙 닭 불고기 산채 비빔밥이 홍보하는 약물의 효험
줄지은 여관들 골다공증 앓는 소리 못 누르니
참다못한 탄산 철분이 천연염색으로 탁월한 색 낼 수 있다며 우쭐하니
국립공원 돌아 나온 바람이 자연이 준 선물마저 유행을 타나 보다며
몸 기울여 경청하네

*보개토 : 옷에 달린 주머니

청송 3대 명물과 꽃돌

질 좋은 토질에서 키운 농작물 비롯해
왕실에 진상한 청송 백자
가장 서민적인 옹기
생활상 없어서는 안 되는 한지
이 모든 것이 세월의 뒷방으로 밀려난 지가 꽤 오래다 보니
청송의 풍부한 천연자원 우수성에 대해 크게 알려지진 않고 있다

청송 백자

세계적 희귀광물 : 리튬 베어링 토수다이트의 산지
왕실에 진상하기 위한 우윳빛 청화백자를 완성하기까지는 2달여 시간이 소요되었다는데 그간 도공이 피웠던 소금 꽃이 우윳빛 더 맑게 하진 않았을까?
일제강점기 지방 가마가 모두 문 닫아도 가볍고 우윳빛 흰색의 아름다움으로 살아남았다가 6·25전쟁 피해와 편리한 생필품에 밀려나며 명성도 함께 사라졌다니 아쉽고 아쉬운데
지자체에서 많은 공을 들여 복원하였다는 것에 큰 박수를 더한다

청송 옹기

숨 쉬는 항아리 품질을 좌우하는 5색 점토 풍부한 청송 옹점 달기 원골 진안리에 옹기골이 있었다는데

현재 1곳만 남은 진안리 옹기장(이무남 경북 무형문화재 제25호)에서는 천연 잿물을 사용하여 친환경적이라 유명세 더해 가는데

전통옹기의 명맥을 이어내야 하는 무거운 짐을 지고 있는 명인의 고뇌를 보면 대를 이어가리란 확신이 보여 고향 사랑의 순수를 낙관 삼아 꾹꾹 눌러본다

청송 한지

청송 한지의 명성 가운데는 모진 추위(농한기) 자르는 낫질 먼저 떠오른다

부족하면 부족한 대로 더 부족하지 않으려 때우는 시간은 모질었다

밭둑 경계로 많이 자랐던 닥나무

농한기 녹이는 초부들 부족함 이긴 시간은 모자람의 연속이라

가시덤불 속 닥 줄기 베다가 얼굴 긁히는 것은 예사로 미뤄 깊은 산 속 걸음 마다하지 않았다니 한지 한 장 나오려면 얼마나 많은 수고가 더해 졌을지 상상이 두렵다.

닥의 섬유질이 쉬는 숨이 천년을 이어가려면

삶고 겉껍질이 다 씻겨나가도록 헹구며 잿물(고춧대를 태워서 곱게 거른 물)을 넣어 섬유질을 부드럽게 해서 한 장씩 떠서 건조하기까지 공정은 일일이 수작업이라 장인정신이 아니면 안 될 듯한데 청송의 한지는 요행히도 명성을 이어가고 있다.

꽃돌

  세계 유네스코 문화유산에 등재된 꽃돌
  수천만 년(7000만 년) 전 마그마가 바위틈으로 스며들었다가
  급속하게 식는 과정에서 만들어진 것으로 문양 선명한
  해바라기 장미 국화 카네이션 구절초 목단 매화…
  애호가들 사이에서 귀한 대접받는다는데
  천연 예술품 자아내는 신비로움 고향 사랑 더욱이 돋으우니

  살으리랏다
  쉼 없이 지휘봉 잡는 청산 아래 경쾌한 노랫말 흘리는 청수가
  청송의 구석구석 보드랍게 더듬어 명승지 들어내면
  선한 사람들 땀에서 땀으로 빚어낸 명물들이 고운 음골라 담아
  원산지 들어내 국경마저 훌쩍 뛰어넘는 곳
  살으리랏다
  청산과 청수가 빚는 자연의 보고 내 고향
  별이 된 선대들 땀방울 3대 명물에 속속들이 살아나
  "어예든동 잘 살어라"는 응원 꼭꼭 여미니
  고향 향한 애달픔 피우는 서리꽃 아니 뜨거우랴?

수달래제

국가의 안녕과

주왕산 찾는 사람들 안전 기원하며

주왕의 넋 기리는 수달래제

꼿꼿한 선비정신 유지 계승한 청송 유림이

"뭐 하러 꽃 보고 절 하노" 하여

기관장 당황하게도 했다는데

천지신명과 산신과 신농씨가

제관들 도포자락 흔들어

청정지역 알리는 것으론 최고라고 깨우치니

주방천 물비늘 위 꽃배 된 꽃잎

자연 벗 삼아 자연 닮아가며

자연 가꾸는 사람들에게

상서로움 전하기 위해 천천히 천천히 노 저어

주왕산면 돌며 스쳐 간 인연들 그리움으로 살려

청송읍 파천면 거쳐 반변천 접어들 때

심산유곡 서정 녹이던 봄

초록 생 단단하게 기를 여름 초대하려

온몸 튕기며 강물 데우는데

주왕산의 봄 더욱 드러내던 수달래

내년에는 더 풍성한 꽃 피우려

여름 속 첨벙 뛰어드네

대성계

 청송심씨 시조(문림랑군 심홍부) 묘(도회전)를 천하 명산 보광산 뫼시고, 소헌 왕후 배출하였다는데 왕후의 조부(심덕부)는 고려 조정에서 불훤재(신현) 할배가 보우(신돈)에게 박해당해 가시 울타리에 갇히게 되었을 때 "이, 어진 어른을 이렇게 홀대할 수가 있느냐"고 항변하신 인연이 있다. 이후 심덕부는 이조 개국 공신 되었고 불훤재 선조의 손자는 멸문지화 당하며 가문은 개성에서 예주로 아마리로 원주로 합강에서 중들에 안착하게 된다.
 그 와중에서도 효직과 수직으로 관작 이어낸 중들 문중과 한양 큰집(심덕부)이 노론이란 정치색으로 중앙에서 멀어진 덕천 문중은 야트막한 산 하나로 진성현과 청송부로 내려오다가 일제강점기에 청송군 파천면으로 행정구역이 같아졌다.
 한 고을 안에서 큰 문중 이루고 미풍양속 유지 계승하며 나라가 위기에 빠졌던 임진왜란과 일제강점기에는 분연히 일어나 의병을 이끈 선비정신은 동일하다.
 선조 위선 사업에 있어 선의의 경쟁 상대되기도 하던 양 문중이 1960년대 중반 돈목敦睦*하자며 대성계 조직하게 된다.
 회원은 중들 봉화금씨, 덕천 아산장씨 합해 4문중이었는데 관내 집성촌에서 부러움 사기도 했단다.
 대성계는 더운 여름날 중들 솔밭에서 천렵으로 정기모

임 했는데 이 광경은 구경할 만했단다.

  사람 키보다 큰 버드나무 들고 허리에 줄 매서 양쪽에 줄 댕기는 사람이 서면 버드나무를 쏘에 꼽아서 눌리고 물과이(물팽이) 꽝꽝 두드리며 "휘이익 휘이익"하며 물길 따라 헤미쳐 내리면 물고기가 놀래서 쏘반도(어구)로 모이는데 이것을 '쏘씨리'라고 한단다. 덕천에서 출발하여 중들 앞 사수천까지 내려오는 와중에 가매소 길이가 길고 깊어 다양한 물고기가 많이 잡혔단다. 이때 중들에서는 매운탕에 들 거섶 장만하여 거하게 먹고 마시며 튼실한 돈목 확인했다는데 이날 중들 솥밭은 들고 꺼졌단다.

*돈목 : 돈독하고 화목하게 지냄

태백산 호랑이

민심이 천심이다
더불어 사는 세상 지도자 잃고 위정자들은 나라 팔아먹고도
일족들 호의호식시키며 지식층 행세나 하고 아첨을 일삼으며
민초들 희멀건 피나 빨아먹었으니
빼앗긴 나라 다시 찾으려는 것 민초들의 갸륵함이었으니
부정부패 속 친일파들 보며 역사는 거짓을 기록하지 않았고
진실은 한 세기가 못 되어 낱낱이 햇빛 보았다

태백산 호랑이 신돌석 의병장
1907년 합방되기 전에 풍전등화 같은 나라 운명 어찌 감지하고
19세 나이로 의병 조직하였는지. 지금의 나이로는 감히 짐작도 버겁다
신돌석 부대는 엄한 군율로 민초들에겐 절대 불편 끼치지 않았단다
그래서 가는 곳마다 사대부가 찾아 필요한 자금 조달했다고 한다

양동마을 무첨당에서는 대청 햇가리를 잡고서 기둥을 건너 힘자랑을 확인시키고. 중들 안분당에서는 부삽을 양 손으로 옮겨 보이곤 한 손으로 부러뜨리고.
　안동 퇴계 종가와 임청각을 다녀갔다고 전한다. (이동은 씨*가 하신 말씀을 부ㅊ 전해 들었다고 함)

　강릉 삼척 양양 간석 영양 청송 영덕 경주 일대에서 맹활약 떨친 장군
　일본의 가혹한 탄압 피해 진보 괴정의 고모 집에서 잠시 피신하였다가 봉변당한다. 현상금에 눈이 먼 고총 사촌 삼 형제가 독한 술 먹인 뒤 무참히 떡메로 살해한다. 나이 31살이라니 오로지 나라 되찾겠다는 일념이 너무나 허무하게 사그라듦이다

　악랄한 일본 순사에게 취조 받을까 봐 있는 것도 없는 것으로 해야 해서 소각하여 없애는 바람에 들은 귀뿐 기록이 없으니 고증은 없다는 말씀 앞
　태백산 호랑이 위엄이 늙어간다

*이동은씨 : 퇴계 15대 종손

제2부

두문동재를 넘으며

두문동재를 넘으며

태백 지나 정선 찾아가는 초행길
두문동재 정상에서 만난 함박눈
역사기록의 현장이라며 발목 잡아 가둔다

끝끝내 조선의 개국 부정하며
풀뿌리로 연명하다가
활활 타오르는 불길 속에서도
개경 향해 예 올려
두문불출 낳은 고려 충신 72현 중
의로운 삶 살며 절의 지키신 세 분 선조와
불훤재(신현) 할배 제자들
아리랑 아리랑 아라리요로
두고 온 모든 걸 달랬다지

멈추었던 걸음 살살 떼는 순간
재 아래 나라에서는 군주를 가려 뽑아 섬긴다니
불사이군이라 했거늘
어디에서 온 법이냐는 할배들 다급한 물음
정선아리랑 수심가 한 소절에 실려
사북역까지 동행하며

평산인으로서 예(禮) 잊지 말며 살라 하네.

인심 꽃 피고 지는 중들

드러난 선조님 뜻 받들던 중들 사람들
천마산, 연화봉 정기와
유유히 흐르는 사수천 풍광
안빈낙도安貧樂道 배경 삼아
청빈한 선비 품었던 큰 뜻
후대들 삶의 길잡이로 우뚝 세워
족친간 두터운 정으로
온고지신溫故知新 하니
무정한 세월도 고개 숙이는
국제 슬로시티 선비마을 중들
변화의 시간 가치관 혼돈 불러도
가슴과 가슴으로 피워 만발한 인심 꽃
선비정신 더한 반가의 품위 지켜내었는데
꼿꼿한 선비들 글 읽던 소리
명당 찾아가며 남긴 고향이란 명사는
지구촌 돌고 돌며 중들별곡 부르게 하니
인심 꽃 피고 지는 중들 마을은
미풍양속 지켜 새로운 시대에도 당당하리라

중들인이여

드러난 선조님 어진 성정이
지키고 가꾼 미풍양속
밤싯골 병자골 정자골 지나
금수강산 돌며 견문 넓혀
아래 웃마 동부 서부야
경쟁도 웃음으로 펼치던 지혜
세대 아울러 다시 나니
손에 손잡아 그 정신 이어
고향 중들 덩그러이 세워보세

천마산 연화봉 서린 정기
갈고 닦아 가꾼 터전
선비마을로 이름 더하니
사수천 동구 솔밭에서 화전놀이
천렵하던 선조들 풍류로
모자람 감싸던 따신 인심
식지 않는 비결 빌려
손에 손잡아 그 뜻 받들어
고향 중들 빛내보세 영원토록

백석탄에서

유네스코 세계지질공원 포토존 백석탄
장황한 설명 뒤로
펼쳐진 풍광 여태 모르고 살았네

첩첩산중 오지 중의 오지인 고향의 대명사
소멸위기 지역이 가로채는 중
아름드리 소나무
속살 벗겨 먹거리 되기도 하고
세기를 새긴 나이테로
지체 높으신 댁 대들보 되기도 하던 시절
청소깝 내치던 연기 집 한 채 다 잡아먹고
불 총 맞은 무명치마 드나들던 바람구멍
눈물 콧물 버무려 익힌 끼니
악착과 억척 만들어 산소카페 일구었는데
그 좋은 피톤치드 같이할 후손
대부분 타향살이하니
이름만 들어도 가슴 한 구석 싸해지는 고향
그 명성 나들이객에게 전하는 고적함
명주 꾸리 몇을 풀어야 깊이 재어질까

취객 맞이

　버버리가 장개가도 사흘이면 입 뗀다는 중들
어른 되기 위한 통과의례라 서로 즐겼다네

　초례 치른 날은 문밖에서 상직^{上直} 선다며
　문구멍 뚫어 방안 들여다보고 심하게는 사방 문짝 뜯어내기도 했다는데
　불 꺼져도 더듬어서 먹을 수 있는 더듬상에 오른 감주에 엿보던 눈이 되레 앙갚음 당하기도 하며 자시(11시) 되기 전에 초야를 넘기게 했고*

　현구례로 장모에게 예를 행하게 되면 얄랑궂은 장난이 시작되었단다
　모인 사람들이 다 보이게 사방으로 돌아가며 입맞춤 시키고 한쪽이 잘 안 뵈더라며 때리고 다시 시키고 때리고…
신랑 신부에게 노래 부르게 해서는 잘하나 못하나 매타작해서 "초행길은 노다지 두드려 매조진다"는 말이 생겼단다. 거기에 더해 죽침^{竹針} 송침^{松針}도 따라 나왔는데 가급적이면 죽침은 못 하도록 어른분네가 말리셨단다

　재행에는 별식으로 장난을 하였는데 주로 송편의 속으로 매운 꼬치 가리, 보학재, 모래, 솔잎서구를 넣었는

데 매운 꼬치 가리가 나오면 간 큰 신랑(재미를 아는 신랑)은 처고모, 처형, 이웃 새댁에게 서로 입에 넣으며 장난을 즐기기도 했고 솔잎서구가 나오면 얌새이 삼신이라고 좌중이 놀렸단다

    삼행에는 처가 대소가를 돌며 조석을 대접받는데 숟가락 총(끝)을 달구어 놀랜 신랑이 음식을 쏟기도 하고 숟가락 뒤에 숯검정을 묻혀서 입 주변이 검어지면 미리 봐둔 상을 다시 내며 웃음 바닥 이어냈다지

    집성촌 중들 마을에서는 농경사회에서만 가능했던 웃음거리가 차고 넘치는데
    이 재잘 맞은 놀음 벌일 이도 폭력성이라고 맞설 여유도 풍류로 누리는 이도
    상주, 영덕 간 고속도로 건설로 시덥잖은 여행 떠나며 빈집 명패만 남겨 바람결에 듣던 우스갯소리도 요양원 갈 채비 서두른다니 "취객"이란 말도 민속 대백과 사전에서 찾게 생겼네

*감주를 입에 물고 문구멍으로 뱉는 장난

태교에 대해

마루 끝에 앉지 마라 : 위험성 무시하고 막 나간다고
생강 먹지 마라 : 육 손 난다
문지방 걸터앉지 마라 : 조심 없이 버릇없이 큰다고
울타리나 담 넘지 마라 : 도둑질한다고
오리고기 먹지 마라 : 오리 발 같은 물갈퀴 발 된다고
닭고기 먹지 마라 : 닭살피부 된다
오징어, 문어 먹지 마라 : 뼈가 연한 아이 난다
쌍둥이 밤, 쌍란 먹지 마라 : 쌍둥이 난다
상가 음식 먹지 마라 : 궂은 음식이다
미물이라도 살생하지 마라 : 생명 경시 경계 위해
남을 미워하거나 악담하지 마라
산달이 다가오면 벽에 못 박지 마라
한 집에 두 아이 보면 한 아이가 치인다고
외가나 이웃에 가서 출산하라

임신부는 육체와 정신이 똑같이 건강해야
건강한 품성 지닌 아이가 태어난다고 여겨
"마음을 정갈하게 하고 언행 삼가라"는 주문
옛 어른들의 기록 곳곳에서 확인하게 하는데
선조들 강조한 태교 보면 큰 웃음 나지만
환경이 태아에게 미치는 영향은
현대 의학과 과학적 증명이 이루어졌으므로

의학과는 거리 멀지만 놀랍기만 한 가르침
재미 삼아 늘어놓으며

저출산 시대
임신부 배려한 선조들 지혜라 전하련다

제사에 대해

"열 사람 점심은 혼자 할 수 있어도 한 위 제사는 혼자 못한다" 는 부담감 가득 안은 제사 드는 날
제사 모시기 전의 마음가짐과 제사상 차림과 제사 모신 후에서도 오로지 후손 잘되기를 바라는 맘은 경전經典 지어
  커 가는 아이들 조상에 대해 자연스레 눈 공부 시키며, 정성 다하는 모습으로 경건하게 다가서게 했지
  제사 드는 날 머리 감으면 부모님 초상에 비 만난다
  제사 드는 날 머리 감으면 부음 받는다
  제물 값 흥정 않는다. 제물 장만하며 간 안 본다
  콩나물은 곧은 것을 쓴다 : 꼬불꼬불하면 후손들 삶이 꼬여 고생한다
  실과 굄질하며 속을 꼭꼭 채워라 : 속 꼭 찬 후손 난다
  밤 친 보풀과 껍질은 대문 가운데 두고 버린다 : 아들과 딸이 고루 잘되라고
  제사 드는 날 고기 먹으면 자손 총기 없어진다 : 조상보다 먼저 먹는 것 경계
  제삿밥은 높은 곳에 올렸다가 먹는다 : 후손들 높은 사람 되라고
  제상 아래 똥 싸는 아도 있어야 그 집 흥한다
  밤 쳐서 담근 물 마시면 마른버짐 안 핀다
  배 껍데기 먹으면 귀 민다
  제사에 올린 삼수(숭늉) 먹으면 마른버짐 안 핀다

"남의 집 제사 가서 감 놔라. 배 놔라. 깎아놔라. 굴러간다" 불협화음 종종 담 넘던 시절 이야기가 가문마다 다른 격식 가가예문家家禮文 두 눈 번쩍 띄워 성균관 의례 정립 위원회 발표문 주시한다.

유교에서 제일 덕목인 효孝에는 웃어른 공경하라는 의미만 있는 것 아니다 사람이 살아가며 꼭 지켜야 하는 근본이 있음이다

"부모님 추모하는 맘으로 돌아가신 부모님 생신에도 고기(육류) 안 먹었다"는 말 모두 실천하지 못해도 돌아가신 날 인연법 펼쳐 부모님 기억하며 간소한 정성 표하는 것이 그리 어렵기만 할까?

"제사 끝날 때쯤 첫닭 우는 것이 제일 제사 잘 지낸 것이다"란 말일랑

종일 동동촉촉하던 긴장감이 스르르 녹은 시간처럼 흘려보낼 뿐이고

대는 이어야지

종통 이으려는 의지 맘대로 할 수 없는 것임에도 아들 못 낳으면 칠거지악七去之惡으로 몰아붙였으니 한 가문의 대를 이을 아들에 대한 생각은 오히려 여성에게서 더 가혹했던 것 같다.

거기에 샤머니즘까지 더해지면 상상 이상의 악행도 서슴없이 저질러 인권이란 말 발 디딜 곳도 없었다는 시절

안분당 안방에서 가끔 들었던 말 늘여본다. "첩사이 들였다더라.". "바람피워 아들 안고 들어왔다더라." "씨받이였다더라." "공들이러 절에 갔다더라." "공들여서 아이 얻었다더라."는 말 속에는 어떻게라도 혈연적 관계로 뒤 이으려는 욕망이 컸음을 짐작하게 한다. 정실부인의 무한한 인내심 강요했음은 측은지심 너머 분노를 느끼게 하지만 시대 거스르기 안 되니 서원에서 행하는 향사에 대한 얘기 미루어 실례 들어본다

수임을 맡으신 분에 대한 예우는 가문과 가문의 범절을 보이는 것이라 서로가 각별하였다고 한다. 전날 서원 들어 하룻밤 재계하고 동이 틀 때 향사를 지내는데 이때 제상 아래 옥양목(폐백)을 깐단다

그 폐백 가져와서 그날 바로 옷 지어 입고 거사 치르면 아들 낳는다

또는 향사에 쓴 폐백으로 옷 지어 입으면 아들 낳는다

향사에 쓴 밤 먹으면 아들 낳는다. 그리고 1년 내내

감기 안 하고 잘 큰다고 믿어 3~4개의 밤을 홍태기에 넣어 갔단다

뒷받침되는 얘기로 진보향교 향사에서는 신나이(광덕) 사람들이 갈가마구 떼처럼 달라들어 음복할 밤이 없었다고 하고

엄마도 딸만 내리 다섯을 낳은 집에 고쟁이를 만들어 준 적이 있다고 했다

여기에는 유림의 행사에 쓰인 물품은 일반인과 달리 학식과 품행이 입증된 선생을 기리기 위해 사용된 것이라 그런 성인聖人을 얻고 싶다는 의미를 크게 둔 것 같다

그와는 다르게

고구마 꽃 달여 먹으면 아들 낳는다

토란 꽃(아주 귀함) 삶아 먹으면 아들 낳는다

요 밑에 도끼 넣어두면 아들 낳는다

상중에 낳은 아들은 한 끗발 낮다 : 상중 금욕하라는 속설도 전하는 것은

아들 선호 사상 대단했지만, 품계를 가른 욕심 또한 대단하였음을 보여준다

갑술진사

옛이야기 속 쉽게 자주 등장하는 진사
토호로서 위세 한양 6판서 부러울 것 없는데

대과준비가 녹이고 녹인 세월
사서삼경 뿜는 먹물로
쌀이 있는지 비가 새는지
낮 밤 모르고 정진해 책상머리에서
나잇살 더해 장원급제 영광만 기다리는데

그림자 꼬리 없는 조선의 정세
과거제도 명맥은 이어야겠는데 여건 아니 되어
고종황제와 같은 갑술생 중
과거 시험 볼 역량 가진 선비 천거하면
진사 교지 내리던 황제의 심정
매국노들 눈곱만큼이라도 헤아렸을까?

한반도 마지막 진사 두고
청렴을 생명처럼 여기던 선비들
추천받아도 자존심 있어
"진사 안했으면 안했지 갑술진사를 어예 하노"라며
국운 다한 상황 한탄하였다네

아부지가 들려주시는 거짓말 같은 이야기 속
사촌의 김진사는 늦게까지 훈학 많이 하였고
한실(규환) 할배는 사양한 사례라니
나라의 주권 빼앗긴 백성들에게
특별진사라도 뽑는 것 가냘픈 희망이었을까나?

청송 青松

산소카페 보자기에 꽁꽁 싸인 긴 기다림
여명에 무릎 꿇으면
그리움이 그리는 얼룩 지도
심산유곡 현실감각 깨우니
법 없이 살 심성이 지킨 자연의 보고
땅이 알고 하늘이 알고 자연이 알지

장대한 1억 년 품어 천연색 키운 사계四季
청송인들 눈 속에 살아 숨 쉬는데
지질학적 생태학적
고고학적 역사적 문화적 가치
유네스코 세계 지질공원으로 이름 올려
지구촌 명소 되니
심산유곡 기암괴석들
이름 모르고 살았던 세월
격세지감에 놀란 어리둥절한 몸짓 두고
푸른 소나무 나서서 꽃단장시키니
신선 세계*
존재하는 생명 마카 정화할 명분 살펴
지구촌 건강한 허파 되길 꿈꾼다네

*동쪽에 있는 불로장생의 신선 세계 : 인간이 인간답게 살기에
 가장 적합한 이상의 세계를 뜻함

청송 꿀사과

드높은 가을 하늘 솜털구름
속 시원히 한번 쳐다보지 못하게 한
뙌달 밭 고추 담배 농사가
허리 디스크에 얌전히 두 손 든 자리
풍부한 비타민과 무기질로
다이어트와 성인병 예방에 최고인 청송 꿀사과 우뚝 섰네

다른 농사에는 민주 덩어리 일교차
사과 속살에 꿀 박아 명품 중 명품 만드니
대처로 인물 자랑 떠날 날 위해
나이 먹은 초록 속 달아오른 피부 내놓고
자투리 햇볕에도 고마움 전하며 꽃단장 분주한데

큰 명찰 달고 길거리 헤매는 짝퉁들 숱한 걸 알곤
골 깊은 청정지역 기품 있는 소나무
구경이나 했느냐고 마구 후지지며*
꼭다리 있는지 없는지 정품 감정까지 하며
무서리에 무릎 꿇지 않고
산골 인심까지 담아내느라 골몰했던 나날들
단단한 과육에 여문 행복이라며
돛대 같은 자존심 내세워
명품 명성 확실히 자리매김한다

*후지지다 : 윽박지르다

평산농원

못 생기고 알맹이 작은 과실 놓고
비료, 농약 적게 쳐서라며 싱겁게 웃는 주인장
서울 어떤 양반이
친환경 농법의 사과 마주하고
다 썩은 걸 왜 보냈느냐 타박하여
반송하면 농약 덤배기로 바꿔 준다니
아무 말 않고 추가 주문하더라며
먹어본 사람은 알아본다며 버티다가
퇴비는 많이 농약은 적게 주며
일조량 넉넉하기만 바래는 태평농법으로
갈아타기 한 주인장
건강한 먹거리 내놓겠다는 주장 확고해
잘 익은 과실 골라
먼저 당도 알아보는 벌과 새들
자주 멕이는 들 밥 마다하지 않으니
주인 발소리 듣고 익어가는 과실들
순환하는 시절 순박한 인심 풀어
단단하고 아삭아삭한 육질로 영글어
산소카페 이미지 확실히 살리는데
대자연과 호흡하는 평산농원 가면
복숭아 아오리 시나노골드 로얄부사 추위*가
자연의 색과 맛으로 손님 맞는다네

*평산농원 : 청송군 파천면 중평리 위치
*추위 : 가을 자두

형체만 남은 고향

노령연금이 촌로들 발가벗겼다

포개고 포갠 산비탈에 기댄 농토
상반기는 개망초
하반기는 미국쑥부쟁이 주인 되니
말썽꾸러기 멧돼지도 외면해
자연으로 돌아가는 시간 금방이다
이장 군의원 도의원 볼 때마다
이웃 타는 노령연금 다그치다가
아픈 손가락 없이 골고루 나눠주고
슬슬 고장 내는 관절 감싸 안고
무상복지 배 덜렁 올라
국민의료보험공단 허덕이게 한 죄 업고
공짜라고 마신 양잿물 게워내는 고역
끝없는 외로움이라
척박한 개간지에 청춘 수놓던 손길로
덩그렇게 선 대들보 쓰다듬어보지만
측량 버거운 황혼의 무게가
손가락 까딱할 힘마저 묶어
짊어진 껍데기마저 훌렁 벗고픈데
점차 헐렁해져 가는 마을
한 집 건너 부는 찬바람 요양원 문 밀어젖히니
가뭄에 콩 나듯 왔다 휑하니 내빼는 아랫대에겐
고향은 그저 로또 복권이던가

편지

애틋한 마음은 먼 곳의 그를
찻잔에 모셔 구구절절한 사연으로
뜨겁게 풀어낸다
하루하루 버티던 조각 조각의 생각
한 모금씩 나눠 차곡차곡 접으니
빈 봉투 위 밀가루 풀 몸져눕는다
수신 : 안분당安分堂
주소 : 경북 청송군 파천면 중평리 376
심심하면 꿈에서 만나는 고택 그림자
사치가 된 기억 부려놓고
먼 혈육들 안부 쏟는다

소나기 내뺀 자리 무지개 보며
잠시도 가만 있지 못하고 팔락이는 유년
별이 된 친척들 안부 들춰
낡은 추억들 불러들여 호들갑 떠는 사이
갓 익은 추억 하나 더하는 낮달
고향 별곡 사선으로 눕히니
해바라기하다가 누더기 된 그리움
꿈속에만 유효한 안부 쉼 없는데
엄마별이 애틋함 듬뿍 적시네

호국의 달에

짙어 드는 녹음 사이
문고리 벌컥 집어 당기는 밤꽃
비린 향 날리며 능청 떤다
날도 뜨거웠지만 소복한 그녀들 내 그늘 밑 들어
하염없이 눈물 훔치다 조용히 돌아가
처음엔 옷도 나이도 비슷해 누가 누군지 몰랐어
묻지도 않는데
한참 중얼거리다 뜬금없이 친정 동네 들먹인다
수시로 순사들 드나들더니
온 동네가 비명소리 곡소리로 쑥대밭 되고
고무실골띠이 추월띠기 토영띠기 밭양반은
인민군이 짐 지우고 부상병 들려 데려갔고
관어대띠이 신당띠이 뒷두들띠이 함양띠이 밭양반은
지서 지킨 청년으로 3일 훈련받고 군인이 되었다네
그 전에 눈 깬 이들은 스스로 걸어갔고

전쟁이 휩쓸고 간 세월 동안
부모봉양 자식 교육 여장부 된 미망인들
얼굴도 가물가물한 새신랑 국방군에 잡혀갔으면
연금 받고 아들 취직이라도 잘 되지
연좌제에 걸려 이도 저도 못하겠더라며
온 유월 서리 같은 한숨으로 단 지열 끓어앉히는데
10원짜리 고스톱도 심드렁해진 경로당 귀퉁이
날갯죽지 들어 올릴 힘도 없다는 외기러기들
유월은 악몽의 연속이란다

그리움 달래기

안동댐 생기기까지 골골이 토호들은 나름의 문화 가졌고
문규*의 힘으로 질서 유지하였는데
그 시절 산 첩첩이던 내 고향 중들[中坪]에도
산업화 물결 밀려와 도회지 이주 본격화되며
귀하디귀한 설탕 라면 연탄이 보편화되고
가마대기에 기왓장 갈아 닦던 놋제기 대신
스텐 제기가 제사상 오르고
함지박 고지박 봉세기가 플라스틱 바가지에 자리 뺏겼고
이웃끼리 빌려 쓰던 농기구도
일 잘해 품앗이 대신 다니던 황소도
다용도로 힘쓰는 경운기에 밀려났는데

무시엔 잊고 살다가 불쑥불쑥 도지는 그리움
나도 모르게 발길 닿는 덕동마을 민속품 전시장
본인 의지와 상관없이 한 생 다한 세간살이들
빠진 이 대신 설명서 달고 남루하지 않은 늙음 과시해
종가에서 종가로 시집와 누릴 만큼 누리고 살면서
추억은 울 넘던 인정이 미풍양속 살리던 때라
둔한 현실감각 전자파도 피해 사노라니
할배 긴 곰방대에서 피어나는 담배 연기가
먼 윗대 전하던 백비탕 그릇으로 살아나
안 먹어도 배부르고

7읍 종손 할배 내리사랑 되살려

근본 잊지 않고 본분 다하려 마음 다잡는 발길

민들레 홀씨처럼 풀풀 날아 대문 밀친다

*문규 : 문중 안의 규율
*백비탕 : 맹탕으로 끓인 물

제3부

농사의 날

어리랑 어리랑 어라리요.
중들 사람들은
멸문지화滅門之禍를 두 번이나 당하며
은둔에 은둔을 한 삶속에서
'참된 나를 찾는 즐거움'의
'아리랑 아리랑 아라리요'도
시원히 못 뱉어
"어리랑 어리랑 어라리요"를
불렀단다.

24절기 따라 살았다네

　입춘이 봄 끌어다 펼치면 우수의 해동 비가 땅 녹이고 눈치 빠른 경칩이 본격적인 농사 준비 시작하지. 도랑물에 생명 심는 개구리 풍년 위해 여는 첫입 "빨리하자, 빨리하자"가 늘어진 농심 부추겨 소란스런 밤 버무리면 춘분 오기 전 신접살림 차린 쌀보리가 청명, 한식 오는 걸 알아차려 살림 필 날 고대해 봄보리 이웃으로 받아들이면 두견화 소쩍새가 용트림하는 산하에 삼월 삼짇날 화전놀이 청하면 온몸으로 봄 받들던 춘삼월 피로 풀고 재충전한 몸 초록 생들 앞 겸충했다지.
　세상 만복 빌려 오신 석가모니 붓다 탄신일 맞아 극락세계 도래하길 비는 발걸음 산사 향하는 사이
　낟알이 물에 들어가도 얼지 않는다는 곡우가 농부들 손 쉴 여가 없음이 안타까워 곡우비 부르면 싱그러운 산나물 맛보는 입하가 신이 나서 열 올리지.
　연이은 소만과 망종이 산더미의 큰일들 후어내며 영쭐 베고(어린 참나무 줄기째 베는 것) 모심기 준비하며 "흙 맛 봐야 크는 오만 씨는 모도 흙에 몸 묻어야 수확할 수 있다"고 닦달했다지.
　아직 보리가 누렇게 익어가는지라 '깐깐 5월'이 설명한다
　길기만 한 해 짊어진 등가죽이 고픈 배 달래며 넘던 보릿고개 마디마디 자리했을 고달픔이 "죽은 중도 꿈틀거린다." 했다네

초근목피로 이어낸 시간 막 피기 시작하는 풋보리 베다 때우던 허기 빨갛게 불사르면 농부의 노동량 자꾸만 늘어지던 때

단오가 수리취떡 해 먹고 군디 뛰고 천렵하며 노동으로 뭉친 근육 풀어주는데

논보리 추수하고 모심기하느라 "별 보고 나가 별 보고 들어온다"는 농군들 주린 배 채우려 불러온 감자 배 해산하는 하지.

논보리 베고 나락 모심고 감자까지 캐느라 감당 못하도록 흐르던 땀 무색하게

눈치 없는 소서, 대서가 말라비틀어진 살림 마구 삶으려 달려드니 초복, 중복, 말복이 보양식 대접해 맞장 뜨면

더위에 익어가던 사람들이 너무나 바빠 앞, 뒤 돌아볼 여가 없이 홀러덩 넘어간다 해서 '미끄덩 6월' 낳았다네.

6월 유두. 7월 칠석에 건진국수 해 먹으며 더위 식히고 겨우 한숨 돌리면

가을의 시작 입추가 늘어진 그림자 꼬리 들춰 마지막 씨갑 넣으라 닦달하는 소리 '어정 7월' 부르는데

가을 나물, 메물 갈고서 풋구 먹고 남정네들 풀 베러 산으로 가고 안으로 들 일감 못 정해 어정어정하면 '꿔서도 한다'는 장마가 "처서에 비 오면 독 안에 든 곡식도 축난다"는 말로 처서 눈치 볼 때 '쌀매' (처서가 되면 모든

식물에 물관이 막히는데 싸리로 만들던 생활용품 채반, 상자, 대소쿠리는 껍질이 음식에 묻으면 안 되므로 껍질을 벗겨서 사용하는데 이 껍질 벗기는 것)도 끝 고하지.

"백로 전 미발이라" 이슬이 차가워진다는 백로엔 알곡이 모두 패야 결실이 된다. 하늘바라기하던 농부들 애타는 눈빛 백로 시계 거꾸로 돌리고 싶은데

그중에서도 제일 피해가 심한 것이 수꾸라네.

낮, 밤 길이 똑같은 추분이 애간장 선물하며

눌 누리 하니 익어가는 곡식들 광경에 선비들 들 구경 권해" 지화자 좋다. 얼씨구 좋다"는 풍년가 받아내면 첫 수확은

조상님께 올려 감사의 인사 전하는 한가위

일가친척들 한자리에 모여서 햇곡식으로 차사 지내고 결실의 기쁨 나누며 모처럼 손에서 놓인 여유가 부르는 말 "명절 끝에 들에 나가면 환장했느냐고 남들이 욕한다"며 건들 8월 여유롭게 보내라 했다지.

이슬이 차가워지고 서리 온다는 한로가 나락 수확 재촉하면

기다렸다는 듯 마구 서리를 몰고 오는 상강 추수가 한물이라 밤에도 일해 소 기르마, 걸채, 지게가 오줌똥 가릴 여가 없이 나락 실어 날랐다네

소 기르마 걸채 1바리에 잘 실으면 나락 1섬 난다고 양반들은 방에서 곡수 계산하는 사이 설렁 9월 설렁설렁 넘어갔다지.

겨울 시작 입동이 보리갈이 검열 끝내면 비가 눈으로

변하는 소설, 대설 불러서 농한기 풀어 농부들 땀의 진정성 평가하곤 뜨고 지고 같이 하던 해 들에서 방으로 공간 이동시켜 노동의 시간 현재진행형으로 바꾸었다지.

1년 중 밤이 가장 긴 동지

팥죽 쒀 사당 차사 지내고 팥죽 먹을 때 새로 시작될 시간 생각해서 현 나이보다 새알을 1개만 더 먹었는데 더 많이 먹으면 나이 들어 빨리 죽는다고 여겨 삼갔다네. 나이 먹는 것을 안타까워한 말은 예나 지금이나 해석할 힘 준다

엄동설한 중

대한이 소한 집에 왔다가 얼어 죽었다고 소한 추위를 두려워했다네

농사의 날
-작은 보름

정월 열나흘
집집마다 통시 쳐서 거름 뒤 배어
첫 번째로 농사 준비하는 '농사의 날'
온 동네가 동시에 통시 세수시키면
겨우내 쌓은 인분 풍년 행진곡 연출했겠지
며칠 전부터 젊은이들은 수수깨비 껍질 벗겨
보리, 밀, 콩, 팥, 소부쟁기, 써레, 호미, 소,
사람 등등을 만들면 어른분네들 버꾸내기로
들여다보고 응원하시곤 했다는데
보리를 가장 많이 만들어서 통칭 '보리'라 하고
거름더미에 꽂아 어여삐 여기는데
청년들 어느새 감쪽같이 두드리고 갔다네
뒷날 보름엔 두드린 보리 수거해서
가매버억에서 정갈하니 사루어
꿀밤 딱지로 재 담아서 "한섬이다. 한섬이다"로
보리가마니처럼 헤아리며 좋아 못 견뎠단다
풍년 기원하는 보리타작 놀이
보리밥이라도 푸근하게 멕이고픈 염원 항그라
놀음꾼들 주인 눈 속 든 풍년 진둥한둥 두드리고
다음 집으로 걸음 옮길 적에도
그 소망 짊어지고 날아다녔겠지!

대보름 행사 준비하는 안〔내(內)〕에서는
빈대박멸, 방지, 빈대 잡는다고 여기고
오곡 저장한다는 뜻으로
방 궉궉 자리 들시고 볶은 오곡 넣고*
오곡밥 지을 변빛* 장만하였으며
저녁밥 늦으면 논밭이 묵어 자빠진다고
해가 지기 전에 저녁밥 먹었단다
일찍이 농사짓는다는 의미로

*꺼재비(거적자리) 콩 놓는다고도 하였음
*변빛 : 팥, 양대 등 콩류를 이른 청송 말

정월 대보름에

　날씨와 달 통해 한 해의 자연재해 점치고 용알 뜨고 귀밝이술과 부름 겸해 묵나물 먹음으로써 신체가 깨끗해진다고 믿으며 건강 염원하고 여러 가지 민속놀이로 공동체의 화목과 평안 기원하였으며 농사가 풍년 들기를 바라는 맘이 가득 담겨 있는 대보름은 자시부터 시작이었다네

　자시가 되면 우물물이 휘떡 뒤베진다고 믿어 그 물 길어 찰밥 하면 복 받는 약밥이 된다고 해서 안녀자들은 잠 설쳐가며 우물가 기웃거렸단다

　이른 아침이면 부름 겸한 귀밝이 술상 사랑으로 내어가는데
　부름이 깨어지며 '따닥'하는 소리를 '귀 터진다'고 여겼단다

　이어서 들이는 아침상에는
　갖은 묵나물(개미취, 짝두싹, 도래싹, 가사취, 나물취, 아주까리…)과 채소로 차려졌는데
　묵나물 먹으면 부스럼 나지 않고 더위 이기라는 염원 들어 있단다

달맞이 행사로 인하여 민속놀이인 지신밟기, 걸립, 척사대회, 줄댕기기, 신실놀이(차전놀이)는 귀신 단오로 미루는데 매년 행하기에는 워낙 거창하여 돌아가며 했단다

달맞이 장소는 연화봉이었다네

점심 식사 마치면 청소깝 해다가 불 피워서 달맞이 오는 이들이 추위 녹일 수 있게 했는데 이때 불꽃놀이 겸하였단다. 짚을 돌돌 말고 새끼줄로 총총 돌려서 불 피워 휘익휘익 돌리면 불이 살아나는데 중간중간 새끼 줄 보충해 줌으로써 재미난 볼거리였다네

이때 노총각이 가장 많이 올라왔다니 그 깊은 속 헤아리지 않을 수 없다

달 떠오면 달 향해 절하고 소원 빌고 "달, 보소. 달, 보소"하며 징, 꽹과리, 장구 두드리며 마을 향해 내려오는데 이 시각 가정마다 부녀자들은 달 보고 절하며 집안의 평안과 가족들 건강하길 바라는 소원 빌었단다

귀신 단오에

귀신이 있네 없네 하는 세월 살며 이전 들었던 이야기들은 잊히지 않는다
귀신이 들어오다가 대문에 걸린 체의 구멍 헤아리다 닭이 울어 돌아갔다더라
축담에 신발을 섞어서 흐트러 놓든가, 방 안에 들여놓아라. 귀신이 신어보고 맞아서 신고 가면 그 사람 죽는다더라
장 단지 뚜껑 열면 장맛이 달라진다더라

대보름에 달맞이로 못다 한 행사가 있다
너무 거창하여 매년 행하지는 못하였고 돌아가며 했다는 민속놀이
줄 댕기기, 신실 놀이(차전놀이), 걸립, 지신밟기, 척사대회

줄 댕기기와 신실 놀이

아침부터 젊은이들이 짚을 추렴하여
아랫마는 동부로 암줄, 윗마는 서부로 숫줄 줄을 삼아서(드려서)
한 골목 올라가서 바깥 골목으로 나오며 "어이사. 저이사"로 흥 몰아서 앞 거랑에서 암줄과 숫줄을 메움
줄 댕기면 액이 달아나고, 오래 산다고 동민 모두 나

가서 당기는데

윗마가 이겨야 마을이 편안하고 풍년이 온다고 믿었단다

아랫마는 암줄이고 윗마는 숫줄이라서 양의 기운이 더 세기를 바란 것이다

줄 댕기기에서 지면 욱하는 분심이 "신실하자"하면 불타오른 승부욕이 그 자리에서 줄 댁바리를 받치는 장정들 결투에 가까운 힘 발휘했단다. 동부, 서부로 나눈 것이거늘 서로에게 감정 표현이 지나치기도 했단다. 신실 놀이에서는 주로 아랫마 동부가 이겼단다. 여기서는 키가 크면 줄을 높이 올릴 수가 있어 상대의 줄 누른단다. 방금 전까지 편 나눠 승부욕 불태우던 마을 사람들은 이내 합심하여 그 줄 모아서 마을 발전기금 명목으로 홍정 벌였는데 이 짚으로 소 여물하면 소가 살이 찐다고 여겼단다. 이 얼마나 순박한 발상인가.

걸립과 지신밟기

양반들이 여장으로 변장해서 어깨띠 허리띠 두르고

영감으론 검은 수염 붙이고 도포 입고 망건 쓰고

종이에 그림 그려서 얼굴 가리고

가마이때기에 농자천하지대본農者天下之大本 중평中坪이라고 크게 써서 대나무에 매달고 노인 행신, 수건 두른 여장 행신, 술집 여자 행신 등으로 변장해 애교부리며 나타나면

징, 꽹과리, 장구의 환영 인사는 온 동네 들었다 놨다 했단다. 그 행렬이 집집이 마당 돌면 "아무 집 양반 봐라. 치마 입었다 왜" "누구 봐라. 꼭 여자 같다 왜" "이야, 자야 봐라" 온 동네가 피우는 웃음꽃 또한 매구장단 맞춰 골목 누볐는데

이때 새로 집 지었거나 이사했을 때는 당가에서 지신 밟아 달라는 청 넣었단다. 잡귀는 땅 밑에 있다가 쇳소리가 나면 달아난다고 여겨서 징과 꽹과리 살점이 떨어져 나갈 각오로 정지, 안방, 마당 순으로 지신을 밟았단다.

걸립과 지신 밟으면 성심성의껏 정성 보태었는데 이 역시 마을 발전기금으로 유용하게 사용했단다.

척사대회*

아랫마 동부 윗마 서부로 나눠 신명 난 한판을 벌였단다

풍류를 즐길 줄 아는 중들[중평^{中坪}] 마을 사람들은 정월 대보름 맞아 한마음으로 축제 즐겼고 당장 줄 서고 있는 농사일 순순히 받아들이며

서로의 처지 바꿔 생각하고 한 해 동안 서로 화목하고 마을이 편안하며 농사가 잘 되어 풍년 들기를 함께 소망하였으니 이 얼마나 아름다운 풍습 지닌 집성촌인가.

*척사대회 : 시집 『친정 나들이』에 소개되었음

수릿날

양기가 가장 왕성하여 가까이서
태양신 접할 수 있다는 수릿날
조상님께 차사 지내고 성묘하고
풍년 기원하는 기풍제 지내고
쟁피 삶은 물에 머리 감고 궁궁이 이파리 머리 꽂고
쑥떡, 취떡, 앵두 화채 먹고
윗사람이 아랫사람에게 부채 선물하며
무슨 일을 해도 탈 생기지 않는 길일이라
군디 뛰고 천렵하며 민속놀이 판 크게 벌였다네
농역으로 지친 육신에게 하루 휴식 주며
집집이 짚 추렴해 드린 군디 줄
동구 병자골 정자골
아름드리 소나무 가지에 매고
맑은 심성 실은 선남선녀들 군디 발에 오르면
"어리 추천지야. 어리 추천지야" 합창하며
발바닥 밑 버선까지 하늘 소풍 보냈다는데
장정도 군디 뛰어 중들만의 풍습인가 했더니
면, 군 단위 청년회가 주최한 추천鞦韆대회
상품이 거할 땐 황소가 주어지기도 했단다
추천이란 하늘을 난다는 뜻이고
가장 신성시 여겼던 우주 향해 나아가는
사람에게 보내는 함성

"어리 추천지야. 어리 추천지야"에는

한마음으로 우주와 교신하려는 바램 담았던 것이라네

흥 오른 함성이 추천대회 살릴 때

군디 발 세게 꿀리다 떨어져

큰 낭패 보았다는 아부지 청춘

짙어진 초록 속에 노란 흔들림으로 크게 살아

국제 슬로시티 중들 흔들어 깨운다

*군디 : 그네
*추천대회 : 그네뛰기 대회. 면 대회에서 약국집 아들 금양석 씨가
 우승하는 것을 마지막으로 보셨다고 함

단오 천렵

   익어서 가맣게 타버린 아부지 기억이 희미하게 살아
사수천 첨벙인다

   보청기 센 잡음 하나로 잡는 우웅우웅 소리 누르며
   "올 단오에는 천렵하자. 올 단오에는 천렵하자"며
   야산 혹불 내고도 의연한 구들 장군 동무들 불러낸다

   장정들 십시일반 보탠 쌀자루, 마늘쫑, 부리가
   매운탕과 진수성찬 차리려 거랑 물에 몸단장 깨끗이
하는데
   뜨겁게 단 몸 시원하게 식힌 짚으로 새끼줄 두 가대
기 드리면, 사이사이 버드나무 가지 꽂아서 거랑 양쪽에
두세 명이 마주 잡고 열댓 명 거리 두고 버드나무 가지
밟으며 "우우웅 우우웅"하며 거랑 바닥 훑으면 여름밤
독수공방했던 날 가슴 시렸던 공간 바딧살에게 내준 홑
이불 몰려오는 물고기 우부려 싸며 이불의 기능 끝까지
버리지 않는다*
   이렇게 서너 번 반복하면 매운탕 한 솥 거리 금방이
라는데
   졸지에 거랑으로 불려 나온 두 쟁기 솥
   보릿고개 넘으며 까마득해진 쌀 품어 감개무량이고
   넉넉한 거섶으로 장정들 여름나기 보양식 푸짐하게

끓여

나물밥 늘어진 기억 말끔히 지우며
혼자서는 아무것도 못 한다는 걸 다시 일깨우는데
오뉴월 데운 거랑
제 속으로 품었던 식솔 난리 만난 줄도 잊고
장정들 놀음판 들어 흥 올라 같이 저벅이며
아이들 개구리 헤미부터 목물하는 할배들까지
시원하단 말 조약돌마다 기억하도록
단장에 숨긴 때까지 벗고 청태 강제 이주시키며
여름맞이 새 단장으로 거친 숨 헐떡이는데
되살아난 아부지 익었던 기억 외친다
"올 단오에는 천렵하자. 올 단오에는 천렵하자"

*삼베 홑이불 가운데를 뚫어 바딧살을 붙여서 만듦

소만 떡과 영풀 베기

보릿고개 만디이 오른 소만이
까칠한 수염으로 귀티 드러내는 보리 만나면
죽은 중도 꿈틀거린다는 숨 가쁜 일상이
농군 생일 기리려 취떡 쑥떡 했다네

소만 전날은 만사 제쳐두고 푹 쉬어 체력 비축해
당일 새벽부터 영풀 두어 짐 베곤
시장 나가 꽁치 사다가 쪄져
국 단지에 나눠 담고 쌀자루 지게 얹어 미고
신홍, 인맡, 나대이 골, 이사리 산으로 향했다네
있는 집에서는 3, 5, 7…명 놉해서 같이 갔는데
군정들이 우루루 나서면
현지에서는 인연법 풀어 서로 밥하려고
파란 불꽃 살렸던 눈치싸움은
남는 밥 너머 누룽지라도 얻어걸릴 기회이고
보릿고개 넘으려는 발악이었거니 생각하니
거칠고 질긴 생들에 경의 표하지 않을 수 없다
3일간 하루 5짐씩 밴 풀들
보리 뿌리도 말린다는 망종 열기가 1주일간
습기 한 줄 남기지 않고 바싹바싹 말리면
온 마을 소가 건채 받친 기르마
봇짐장수 거느린 상단 행렬같이 동구 들어서면

사람들이 몰려나와 감탄사 연발했다네

한창 물오르다가 꿈처럼 누워 버린 영풀
보리 끌대기 위 누워 맺어보지 못한 꿀밤 그려서
보릿고개 무너지길 염원하며
줄기째 푸르름 바수어 나락의 밑거름 되는데
소만 떡에는
논 거름으로 희생한 영풀이 삶기고 뭉개져도
농부와 한 몸 되려던 초록 본성 살아 있다

퇴비 증산 운동

음력 7월이면
내년 농사지을 밑거름 준비하는 농부들
땡볕이 여물리는 알곡들 건네보며
그간의 노고 다독여 풋구 먹으며
막걸리 힘 빌려 체력 비축하는데
초부들에겐 크나큰 위안이며 버팀목인 풀베기 대회
비료가 충분히 공급되기 전까지 이어져 온
마을 단위 경쟁 부추기는 정부 시책으로
초부들 자닥(다발) 따라 포상금 결정되면
폭염이 피우는 소금 꽃 초목 위령제 지내고
공동체적 삶의 여유는
더불어서 큰일 이겨내는 것 다시 확인하게 했다지

농사일 혼자서는 해낼 도리 없으니
안녀자들 어정어정한다고 낳은 말 어정칠월
상할 대로 상한 존심 집채만한 풀더미 푹푹 삶으니
풀 삶는 내미
알곡들 무르익어 가는 모습 한가하게 바라보며
어정칠월 건들 팔월 촌락 안 가두었다지

아부지 쏟던 땀방울에 나가떨어진 풀짐
먼 산에서부터 시작던 멀미 미루고

늘치난 지게 다독여 함께 들던 휴식
슬로시티 중들〔중평中坪〕 그리워하는데
늙어간 추억 깨워 막걸릿잔 나눌 이들이
마카 산으로 가서 혹불 내고 있으니
어정칠월 그냥 어정어정일 수밖에

주토

조부께서는 일찍이 장자 앞세운 심정
"자라 보고 놀란 가슴 솥뚜껑 보고 놀란다."고
일제 강점기 속 종가의 안위를 염려하시어
유학자로서 본분에 충실하시며
남은 자식과 손주들 안녕을 비셨는데
집안 식솔 중에 삼재가 들면
주토 이용해 삼두매* 그려서
대문과 기둥에 붙여 액막음하셨단다
익살스런 삼두매 본 잡귀들이 정말로
겁을 먹었는지는 고증하지 못하지만
무속적 부적의 붉은색 보면
잘못 다뤄 화 입을까 두려움 이는데
시서화詩書畵 겸비한 할배
삼두매 그리시던 시절 되돌려 보면
종가 무게 깔려 어쩔 수 없이 초부가 된 아부지 감춘 감성
할배 손에서 보낸 유아기에 절절히 녹아 전해진 듯해
더욱이 정진해야지 다짐 세우게 한다

사람의 힘으론 도저히 할 수 없는 일 도모해야 할 고사나 굿, 푸닥거리 앞두고
험한 사람(거지. 문둥이) 상주는 들어오지 말라는 표시

로 쓰던 주토

 땀봉. 뒷재. 정자골에 마을 공동으로 사용하는 구데이가 있었다는데

 웰빙시대 친환경 소재로 생명과 불가분 관계 있는 주토는

 미용 재료, 건축자재, 별미 구이 할 때, 염색재료…. 쓰임새 다양하다네

 *삼두매 : 몸 하나에 머리가 셋인 매

기우제 祈雨祭

농자 천하지대본야 農者天下之大本也

농경사회에서 이보다 더 귀한 진리 있었더냐

나랏님도 백성들의 간절함 하나로 모아

용왕님께 올리던 고사

중들에서는 기우제 祈雨祭 지낼 날 정해지면

3일 전에 가매소 아래에 단 닦고

두건 쓰지 않은 사람(상주)

복령 좋은 사람 중에서 주제자 정하고

험한 일 안 하고 안 보며 주토를 단 주위에 깔고

동네 입구까지 길 양옆으로 한 줌씩 놓고

버드나무와 소지* 끼운 금색 줄을 단 앞세운

두 문설주에 묶어 험한 사람의 출입 막고

집집이 마당 쓸고 주토 뿌리고 골목에도 한 줌씩 놓고 금색 줄에 버드나무와

소지* 꽂아 골목 입구 양쪽에 세운 기둥에 묶어 험한 일 경계하고

닭은 털과 내장만 제거하고 그대로 쓰며

마리 고기(큰 고등어) 준비해서

밤 9시경 무축단헌으로 고사 지냈다네

고사 마치면 축과 금색 줄 태우고

날이 밝으면 제물과

사수천에서 잡은 물고기로 국 끓여

고깃국과 술, 밥으로 뒤풀이 거나하게 했는데
밥은 쌀이 있으면 먹고 없으면 못 먹었다네

기우제

비 오게 해 달라는 간곡한 염원 하늘에 가 닿아 용왕님 감읍해서 가뭄 해갈 할 비 내려 풍년 들기를 바라는 초부들 가장 큰 소망 담은 고사였다네

*소지 1 : 흰 창호지 두미해서 정결하게 착착 접어 줌
*소지 2 : 흰 창호지 가로 15cm 세로 20cm 정도로 자름

삼굿

　　삼복 가운데 더위가 물러간다는 희망의 입추가 그리 반가웁건만
　　농가에서는 더위 찜질할 삼굿이 남아
　　삼베 적삼 속 고인 더우가 식을 줄 몰랐다네
　　삼굿은 길쌈 위한 가장 첫 작업으로 남정들이 힘 쏟는다

　　구데이 파서 굵은 나무 뺑뺑 돌려 삼 앉히는 시리 자리 잡고
　　자갈 얹고 헤까리 같은 굵은 나무로 이리저리 거는 곳낭(나무) 세워
　　곳독(곳낭 고우는 돌)으로 고정하여
　　시리로 김이 들어가도록 (공간으로 김이 돌도록) 곳나무를 옆으로 세우고
　　흙이나 때딴지로 앞 이매 만들고
　　생풀 한 자닥에 흙 한 산태미 얹기 반복해 삼 단을 놓고 불 지피는데
　　자갈이 달아서 이글이글거리면 가로로 파서
　　"이후후후 물이요. 이후후후 물이요" 복창하며 물 붓는데
　　단 돌에 물이 닿으면 깔깔깔(꼴꼴꼴) 소리와 함께
　　김이 동시리(뭉글뭉글)같이 피어오르면

마지막 물은 복판에 주는데

　흙기 수증기와 더불어 막 튀어나오면

　불이 못 나오게 채(이파리 있는 버드나무, 아카시아, 소나무)를 두드리며

　계속 물을 부어 불이 덜 나오게 했단다

　이때의 뜨거움은 다음 해 여름 가릴 뜨거움이라

　누구도 주저하지 않은 가운데

　삼 익는 소리 이어지다가 시리가 푹 꺼지면

　두 불 물 주고 1시간 후 삼 꺼냈단다

　만약 삼이 덜 익으면 두 불 묻이라고

　똑같은 방법으로 다시 했단다

　삼은 마포의 원료로

　한여름 더위와 더불어 마을 사람들 다 함께 삼굿을 하며

　공동체 유지하는 힘을 재확인하게 했다네

풋구 나무

돈파재 할배 중들로 이거하시며 피난 지세라

나무 심어 외부 눈길 돌리실 적 이미 세월의 주름 잡은 동구 소나무, 움보 버드나무, 병자골 버드나무 있었는데

마을 사람들 내왕이 빈번한 움보 버드나무가 외따로 있고 주변이 깔끔해

풋구 나무로 정하였는데

서너 아름의 고목이 논 가운데 있어 농사에 불편 겪던 주인의 하소연으로 둑 밖으로 옮겼으나 해방 이후 곧 고사하였단다. 유년에 보았던 나무는 죽은 버드나무의 순으로 아무 데나 잘 사는 특성으로 아름드리 면목 갖추어 세 넓히니 중들 아이들이라면 그 그늘 안 밟아 본 아이가 없었지

거랑 다 덮은 가창들 버드나무는 풋구 나무의 후손들이며 수량의 변화 없는 움보의 수원지이며 수질 관리하던 일등공신으로

들일 하는 농부들 더위 식히는 그늘막으로

사수천에 물놀이 하던 조무래기들에겐 움보 표시 나무였었지

음력 7월이면 언간한 작물들은 수확 위한 기다림 여물어가고

초군들 호미 씻으며 그간의 노독 풀어내는데

집집이 정성껏 마련한 음식 들고(고추적, 정구지적, 애호박적, 노가리, 이루꾸 고추장 무침…) 동구 솔밭에 모이면 귀한 음식이라고 풋구 나무에 먼저 고사 지냈다는데

수초 군장(초군의 가장 어른) 1명과 동민 추천한 1명이 첫 수확물로 정갈하게 장만한 음식 놓고

무축단헌無祝單獻으로 고사 지냈는데

문장 엮을 힘이 부족한 초군의 삶 헤아린

배려의 힘이 인정 유지하게 하였음이다

무축이지만 "풍년 주어 고맙고, 앞으로도 풍년을 달라고"

마을 사람들 대신하는 축원에는 초부의 소박하고 소박한 바램

삶을 지탱하는 생명을 달라는 가장 큰 바램이 들어 있었네

현재는 고속도로 건설로 흔적도 없지만 300여 년 시간 닦은 공덕으로

수 없이 오가는 자동차 행렬 무탈하기만 빌겠지

*무축단헌 : 축문은 읽지 않고 술만 1잔 올림

납일

동지로부터 세 번째 미일未日을 가리키는 세시풍속

나라에서는 종묘사직에 제사 올렸고
민간에서는 여러 신에게 제사 지내며 산돼지와 산토끼를 제수로 썼단다
임금은 기로소에서 여러 기신耆臣들에게 청심환 안신환 소합환을 나누어 주었단다

농촌에서는 새를 잡아먹고 기침에 좋다는 수수엿을 고으기도 했단다
난생 처음 들어보는 풍속이라 쫑긋 서는 귀가 세시풍속 저장고 문을 엄숙하게 여닫는데 자꾸만 엇박자 놓는 아부지 발음이 저만치 내빼면서 참새를 후렸다
중들[중평中坪] 과 이웃한 덕천德川에는 근년까지 납일잔치가 이어졌단다
기로소 들 연세가 못 되어 민망하기 그지없어 찬조금 내며 우연찮게 참석하셨다는데

새고기 먹는 날
"참새 3마리 먹으면 날아가는 황새[황凰]도 잡는다"는 말 꺼내시어 말도 안 되는 이야기라고 풍風 신 어른들이라 놀렸더니 "야야, 참새고기가 얼매나 맛있는 동 아

나" 섣달이면 참새고기가 제일 맛있을 때라 보신補身이 된
다는 뜻이라는데 왜 여자들은 참새고기 먹으면 그릇 깬
다고 오빠들 궂은 심부름만 하며 다리 하나도 못 먹게
했느냐고 반박하며 나이 든 분심 막춤 추이노니 너털웃
음만 웃으신다

납일

섣달의 행사로 참새고기 한 점으로 소고기 열 점 안 바
꾼다는 말로

새[조鳥]고기 먹으며 1년을 마무리한 선조들의 지혜는
마르지 않는 샘물이며 인간과 자연이 상생하게 하는 마
중물이네

*기로소 : 일흔 살이 넘은 정이품 이상의 문관들이 모여 놀게 하던 곳

농부의 정식 휴가

정월 초하루 설 맞아서 7일간 일가친척들에게 세배하고 가정 돌보며 새로운 계획 세우고
정월 대보름 맞아서 3일간 민속놀이 즐긴다
(마을의 무사태평과 풍년 기원)
이월 초하루 초이틀 간 2일간 휴식에 든다
삼월 삼짇날 기준으로 1일 쉬는데 보통 화전놀이 한다
(위로와 격려를 보내는 꽃이 사람을 부른다)
사월 초팔일 부처님 오신 날 사찰 찾으며 1일 쉰다
소만 전 1일 쉬어 영풀 베기 위해 체력 비축한다
오월 단오를 맞아 1일 쉬며 민속 놀이한다
(복 달음 : 본가의 닭을 잡아먹음. 노인 소 : 55세 이상 가입한 어른들만 하였으며, 삼복지간에는 개를 잡아 큰 잔치를 열었음)
칠월 칠석 전후해서 1일 쉬며 풋구 먹는다
팔월 중추절 맞아 1일 쉬며 차사 지낸다
중추절부터는 추수가 본격적으로 시작되므로 쉴 여유 없다
동지, 납일은 농한기라서 휴가에는 들지 않는다
땅을 위하는 것이 사람을 위하는 것이라고 믿었던 농사꾼 철칙은 "내 입으로 들어가는 밥은 내 손으로 만든다"였다네
농부는 펼쳐진 대자연과 함께 호흡하며 정직한 흙을

진실로 대하는 사람이고, 몸으로 자연 경영하는데 농경 사회적 통계지만 가슴에 차오르는 뜨거움. 지금의 시각으로 본다면 설마이겠지만 농기구래야 동물의 힘 빌리는 정도였으니.

이월 초하루 이틀 놀고 나면 울달* 가재이 붙들고 운다고 하면서도

이월 초하루 지나 윷 놀면 그해 농사의 콩이 튄다고 경계로 삼을 만큼 순박했다네

"시골 부자는 일부자, 죽어야 일이 끝난다" 하며 공식적인 휴일이 24절기 따라서 맞춰진 점 미뤄보면 민속놀이 통해 홍으로 버티었음을 미뤄보게 한다

*울달 : 땅에 꽂힌 울타리 부분

88번

설 쇠자마자 바소쿠리 안겨 지게 탄 거름
세상 구경 나온 거름 바가지 몸 빌려
흙에게 영양 공급하는데
거름대 쇠스랑 호미 괭이 수금포가
바람의 시계 보며 허리 펼 짬 살피는데
곡우穀雨가 나락 씨 담으면
쟁기와 써레 꺼내는 황쇠
거머리 득실거리는 무논 첨벙첨벙이며
땅심 깊이 계산해 나락 대궐 짓는데
온 동네가 푸마시로 끝내는 모심기
못줄 넘나드는 막걸리 걸쭉한 노동요

모심기 노래
이 물고 저 물고 다 헐어놓고
진네 양반은 어데를 갔노
어리랑 어리랑 어라리요
어리랑 고개서 어라리요
문어랑 전복을 회 쳐 놓고
첩의 집에 놀러 가셨는가?
어리랑 어리랑 어라리요
어리랑 고개서 어라리요
여기 꽂고 저기 꽂아

이 논 배기에 모를 내자
어리랑 어리랑 어라리요
어리랑 고개서 어라리요

조무래기 못줄잡이 익은 낯 더 익힐 때
농부 날갯죽지 바람 넣어
모 포기마다 흥겨운 가락 심어 풍년가 살찌운다

기심 발 못 붙이게 한 논매기는 3번 하는데

논매기 노래

간다 간다 나는 간다 너를 두고 나는 간대이
에이요 이후후후 이후후후
해는 빠져 저문 날아 이떠한 도령이 울고 가네
에이요 이후후후 이후후후

시장기 모르던 햇살 시계
장떡 한 넙데기와 막걸리 맛 더해
호미로 흐트물만 지어도 나락은 잘 된다고
죽을 둥 살 둥 논을 허비면 다락 들논 덜렁덜렁한데
이때 부채 든 양반들 들 구경 왔다네
논까지 맨 호미 목욕하고 늘어져 누으면
목줄 따기가 주특기인 낫
몸이 문드러질 날 목 놓아 기다리면
햇살의 시계 몸피 줄어들고

태돌, 도리깨, 홀태, 마롱 탈곡기가
시대의 변천사 내보이며
바람 요리하던 풍구 케이 나잇살 더듬고
멍석 위 고무래가 참새 약 올리면
절구, 디딜방아, 맷돌이 마지막 주자로써
볍씨에서 쌀까지의 88번 시간 포장하는데
무슨 귀신 씨나락 까먹는 소리하느냐는 트랙터가
힘 한번 쓰면 마뜩해지는 농사법 소개하며
해벌쭉하게 늘어져 부푼 몸값 자랑으로
연둣빛 농심 가맣게 태우는데

마당 가득 들어찬 짚 이엉 엮어 지붕 가리고
새끼꼬아 짚신 삼고 가마이 치고 산태미 봉쇄기 매고…
살림살이에서 황소 여물로 마구 풀로 다시 나서
농부 손길 따라 의식주와 불가분 관계 이르는데
볍씨에서 쌀까지 88번의 손길 거친 벼농사는
따시고 윤나는 삶 유지하는 힘 낳아 기른 원천이었네

제4부

아부지가 빌린 힘

불훤재 종택 선영에 대해

통일아, 통일아
너 어드메서 숙성에서 숙성으로 다시 숙성으로 나려 하느냐

순빈재(예) 할배는 환란 피해 두문동에 드셨다가 진보 오셨다가 월곡면 아마리(미질) 은둔하는 방랑 생활로 산소마저 잃었는데 7대조(치도)께서 인근 염탐하며 수소문하니 사냥꾼이 쫓던 짐승의 행방을 두고 "신 장군 묘소로 가거라"는 말 기억하는 원주민들 증언으로 찾아 2016년 5월 21일 합강으로 이장한다.

연남재(영석) 할배는 치악산에서 운곡(원천석)의 보살핌 속 성장하여 학문 연마하시며 늘 품고 있던 고향 생각을 풍호정 할배에게 풀어내시고 대왕당(원주)에 유택 지으셨는데 도시개발로 인해 고향으로 돌아오시니
　600여 년 지나 상봉한 부자분 창공의 흰구름 낮게 내려 조문하는 가운데 오래된 회포 후손들 앞 침묵으로 풀어내며 미왕당으로 이름 올리니
　합강에는 7분(순빈재 연남재 풍호정 벽동공 사과공 고산공 참판공) 선조께서 화마가 앗아간 종택. 임하댐이 차지한 흔적 못내 아쉬워 묵묵히 바라만 보고 계시고

진보 명산 중 거노리에는 안분당에서 가장 복력 있으

셨던 물천공 할배 내외분께서 의관장 지낸 손자 참판공
의 아린 사연 달래려 손부(여흥 민씨)와 일가 이루시어
한없는 자애 베풀고 계시고

    마을 사람들이 알면 산소 못 쓰게 할까 보아
    광대 풀어서 주민들 시선 돌리고 가마이 산소 쓰셨다는
    조산대부저용감 부정 건 할배
    자헌대부첨지중추부사 상훈 할배
    장악원정 중기 할배
    합강에서 산길 40리 영양군 입암면 교동까지
    3대가 명당 찾아가시는 길 엄숙함이 슬픔 눌렀을까?

    고려에서 조선, 현재까지 (장절공에서 백부까지)
    만주 요동에서 경상도 청송 산골까지 흩어진 나의 선
조들 흔적 두고
    아부지는 "할 일 다 했다" 하시며 큰 짐 부리시지만,
호주제 폐지된 현재를
    봉분으로 삼을 자들에게 묵은 유산에 상속세 납부해
야 할까?

    통일아, 통일아
    철조망이 무슨 장애라고 늘 애간장만 녹이느냐
    국자박사(중명) 할배, 불훤재(현) 할배, 간재(용희)

할배 3대 성묘 가려면 한반도 허리 넘어야 하거늘. 명 천
자 명으로 문회산에 뫼신 3대분 산소 표적이나 있을는지
 굳건한 뿌리 건재하길 바래는 후손의 향념 미풍으로
라도 가 닿길 바래 본다

 통일아, 통일아
 너 언제 오려느냐?
 선조들 흔적 찾아 청주 한 잔 올릴 염원에 푸른 이끼
날로 크고 있는데
 속히 와서 네 본성 보여 주길 학수고대하노라

*문회산 : 만주 요동에 있는데 국자박사(중명), 문정공(현), 문흰공(용희)
할배들의 문(文) 시호를 기리기 위해서 문중에서 그렇게 부름

반송된 시집

요양병원 5년 차 접어드는 아부지 수그러지던 향기
"친정 나들이"*로 다시 피어나는데
과거로 입주하신 분들 명함 담은 반송료
얇은 지갑 눈치 보느라 뼈젓잖은 모양새
집배원 오토바이 울음 달구는데
뵈온 적 없는 아부지와 고인 간 연분 실은 갈바람
멀리 가지 않고 곁 맴돌며
자연의 일부분이었던 삶
순리 따라 자연으로 돌아가셨다니
얼씨년스런 바람 아니라 다행스러운데
언젠가 동승하게 될 아부지 100세 시대 운운해
"아직은 더 살아도 될때만은"
속세* 마른 가지 끝에서 떠는 여운 애써 외면한다
아부지 기억에서 비켜 돌아온 시집
집배원 오토바이 허전한 뒤태 바라보며
차갑게 식은 몸 의지할 곳 찾아
모른 척하며 겉봉 벗겨 깨끗하니 소각하노라니
싸한 흰 연기 삼가 고인의 명복 빈다

*친정 나들이 : 제5시집
*속세 : 억새

아부지가 빌린 힘

경제관념 있던 분들은 도회지로 발길 옮기고
큰집 보양과 종손 교육 짊어진 삶의 무게 앞
더께더께 쌓은 회한 썰물같이 밀려나며
부리던 허전함 불쑥불쑥 튀어나오면
큰집 소작인으로
정지 구석 터줏대감으로 뫼시던 금복주 소주 대병
짜라 빠진 종발에 무릎 꿇은 왕소금 안주 삼아
차용증 없는 힘 빌려
닳은 지문으로 하루 경영하던 아부지

팥죽 끓듯 변덕 부리는 농산물 가격
빨간 경고등 켜 청춘 넘볼 때마다
이자도 못 주며 다시 빌리던 그 힘
까닭 없는 그리움으로 다가와
조각조각 내었던 추억 흔들어 짜깁기한다
뒤안 축담에서 가는 숨 몰아쉬는 지게
골다공증 앓는 황초집
뼈만 남은 장간체, 망초 발, 싸리 발…
바라지문 끝으로 떨어지는 낙조로 더 선명해져
수년째 잠자는 경운기 짐칸 건네 보니
산대배기 오르락내리락이며
대롱대롱 곡예 부리던 소주병 자리

바람에게도 집 한 칸씩 준 튼실한 거미줄
덜렁덜렁이며 아부지 안녕 고하는데

"처음에는 사람이 술을 먹고
술이 술 먹고 술이 사람 먹는다
좋아도 슬퍼도 먹었던 술
좋은 음식이나 탈이 있다."*하셨지
더는 빌릴 수 없는 그를 아주 많이 그리워하시며

*요양병원 계시며 내린 술의 정의

아부지를 고발합니다

요양병원 입원 7년 차 아부지
코로나가 끝나지 않은 생신날 작은 정성 올렸는데
효라는 것에 부담이 지워지면 안 된다신다
당신은 할배 초상 때 받은 제문 기정
수십 년간 다 짚어 갚음하시던데
반찬 몇 가지 한 딸에겐 "고만해도 내 개안타" 하신다
얼얼한 가슴 풀어낼 길 없어
아부지 이중성 고발합니다
"혼기 놓쳐 먹는 밥도 아깝다"면서도
내 손자는 종손 못되지만 외손자는 종손 될 수 있다며
영남 명문가 들춰 기필코 회재晦齋 종부 자리 앉히신 아부지
첫딸 낳았을 때 겨우 상복 벗었는데
"또, 딸 낳으면 친정으로 고개도 돌리지 말라"시며 애태우다가
외손자 났다는 전갈에 "거짓말하는 것 아니냐"고
확인에 확인 더 하시더니
상중 해산하면 한 끗발 낮은 양반이라며
외손녀에 대한 아쉬움 단박에 날리셨지
맞선 볼 때 서울로 살림 내어 주기로 한 언약
공수표일 것 짐작하시면서도 못내 아쉬워하며
몸과 집 치산治産 잘해 친정 욕보이지 말라는 신신당부
칼로 물 베기 경계시키던 복중
딸네들 만류 뿌리친 진외 종고모 내당 두드려

지정간 정분 쌓고 돌아설 때 회재回財 건네니 극구 사양하며
"야야, 오라배 어째 그클 닮았노" 냉풍기도 놀래 숨 몰아쉰다
"좀 글니더" "안, 밖이 고르게 내림하여
외면수습하고 살려니 쪼매 고롭니더"
"그래도 좋은 끝은 있니라" "회재晦齋 종부 아무나 하나"
짜증 부리는 손수건 핑계로 두 손 맞잡고 작별 고하며
서로 고맙다는 인사 속 아부지 녹아내리고 있다
당신이 주신 성정 어짜라고
이래서 아부지 이중성 고발할 수밖에

아부지 수첩 정리하며

살길 찾아 도회지 향하던 친척들 이삿짐
신작로 오를 때마다 하얗게 언 아부지 눈물
사연 줄 하나 보탤 때처럼
링거 줄 뜨겁게 달구는 아부지 눈빛
적막 깨고 급히 문지르는 안부
연명치료 거부하는 것인지
마무리 못한 생각 이어가시는 것인지
알 길 없어 안개 속 막막한 걸음 옮긴다
오로지 식솔들 굶기지 않으려
산간 개간하며 천수답 가꾸던 노력들
뒤돌아보고 수정 보완할 겨를 없이
내달리기만 했던 시간 속
늙은 농기구 긴 하품 싸늘한데
주렁주렁한 호스들 검푸른 혈관 불러
알 수 없는 처방전 요구한다
뜨거운 눈물로 빈 가슴 둥둥 쳐
전하시는 당신의 생각 알 길 없어
마른 땅에 문지 일으키는 안타까움
작은 위로 드리려 사부곡 썼는데
한시漢詩 아니라 품격 떨어진다는 말씀 미루고
일헌逸軒 종손*께 보내
격려의 말씀 들었노라 사리니

교류 많으셨던 분들 주소 줄줄 나열하시어
추우에 집배원 산골 나들이시켰는데
아뿔싸
빈손 민망해 반송료 달고 돌아온 시집 받고
차마 붉은 줄 긋지 못하고 V 표시만 하노라니
반 틈만 남은 우인들 주소록 앞
병상의 아부지 거친 호흡 가슴 저며 눈시울 데우네

*일헌 종손 : 야성 정씨 15대 정재홍 종손

무승부

자리끼도 없이 밤새 목말랐던 논
수금포질 몇 번으로 달빛 걷어내면
줄기 끝까지 콸콸콸 소통하는 소리
너른 논 고요한 호수 만들었는데
해 그름이면 마른 민낯 드러내
팔십 평생 농사지으며
얼굴 본 적 없는 놈과 대적하긴 처음이라
조석으로 논물 보는 걸음
"니가 이기나, 내가 이기나" 줄다리기인데
매일매일 터널 정비하는 놈 또한 한결같아
머리밭골 나락 논 두더지 굴 안고
나락 꼬타리 푸른 기 빼내며
노심초사 속 무승부 판결 내렸는데
이듬해 아부지 뿍덕손*
마당 항그* 보급종 볍씨 소독해 놓고
소보록한 독새* 위 진흙 엎어
기초공사 야무지게 하시며
미덥잖은 헛웃음 넓게 남기시는데
두더지 도전장 대비한 논둑
몇 번의 수술 받을지는 미지수.

*뿍덕손 : 농사꾼의 거친 손
*항그 : 가득
*독새 : 뚝새풀

걸레

시원하게 바라보는 이 하나만 있어도
만신창이 되는 날까지 수고 아끼지 않겠노라며
몸 마를 여가 없이 험한 일만 하는 걸레
주어진 본분 보람 꽃으로 피워 낼 줄 아는 인내심
삭히고 삭혀 흔적 녹아내린 똥걸레 사연 풀어낸다
마당 저택 삼은 똥개 기는 아가 응가 하면
"오요요, 오요요" "워리, 워리" 소리 떨어지기 전
블랙홀 빠져들 듯 문전 날아들어
물똥 생똥 된똥 가리지 않고 혓바닥 휘둘러
순식간 싹 치우고 풀쩍 문지방 내려서면
회심의 미소 짓던 똥걸레
날 방망이질에 만신창이 될 순간 미루고
구석에서 손님처럼 하품했다지

안분당 너른 대청 닦은 걸레 방매이질하면
"걸레는 걸레 같어야 한다"
"너무 매매 씻지 말라"며
사랑 방문 밀치던 자정慈情
어린 딸 방맹이로 피우는 안쓰러운 향기
울렁증 유발하는 게 싫으셨나 본데
아부지의 그때 훌쩍 벗어나서 보니
걸레도 이름일 뿐이네

국화빵

연골 수술하신 아부지 퇴원하는 입원실
바깥 온도 무색하게
환자들 눈빛 얼음장이라
조심조심 엄마랑 얘기 나누는데
옆자리 보호자 뜨거운 웃음 쏟으며
중중모리장단으로 국화빵 타령 풀어
"똑같아요. 똑같아요". 진짜 똑같다니
"참말이네"로 추임새 넣는 분들
낯선 방문객에게
에어컨 바람 몰며 병실 깨운다

며칠간 한솥밥 먹은 정
눈빛으로 이별하고
산굽이 돌고 돌아 친정 가는 두 시간
당신 닮은 순서대로 병원비 낸 걸 아시고
헐거워진 관절 싸매고 찹쌀 반죽에
딸이 아부지 닮으면 잘 산다는 말
안고로 넣어 내리사랑 굽는데

팔순의 낡은 빵틀 나온 국화빵 다섯 개
다른 인물 하나 없다

중들띠이

시가에서 아무도 불러주지 않는 중들띠이
아부지 우인께서
"친정 나들이" 시집 받으시고
감사 인사 전하러 전화하시어
"중들띠이껴"?
땡
답 못하고 우물쭈물하는데
"길가, 따님 아이껴"?
땡
다시 우물쭈물하다가
아부지 자* 앞에서
기어드는 소리로
"예, 맞니더" 하노라니
노쇠한 택호가 찌릿해진 가슴에
따신 말의 꽃 피웠다
중들띠이
활자로 한 친정 나들이
또 다른 이름으로
무첨당 안주인 내력에 당당하게
기록되는 순간이다

*자 : 관례시 빈이 지어 줌

홍택*

보름간 퇴계 귀향길* 참가하신 우노 선생님*
몸 상하지 않았느냐는 물음 무색하게
"도포자락이 창고"라 되레 몸이 일었다는데
선비들 길 나서면
큰 주머니 역할 거뜬히 하던 홍택
씨실과 날실 사이 소통하는 바람결 따라
처세술 달리하던 시절 되살려
낯선 이름 밝히는 혈색 붉다

없는 것 빼곤 다 있던 시절
대소가 제사 참사하시고
고샅 덮은 축시* 걷는 할배 급한 걸음
홍태기 든 봉송 리듬 태우면
속 데핀 제주祭酒
촛불 심지 줄이고 있을 식솔들 앞 당당하려
달빛 별빛 가르는 길잡이 했다는데

시간 입고 입어 이름마저 잃어버린 홍택
고고 창창한 유가의 범절 표 없이 넣어 오던
물품 생각으로 잠시 흥 올리다가
큰 행사 예복으로만 남은 시린 추억 불러
그렇게라도 있어 주면 좋겠고

어쩌다 이름 한번 불러주면 더 좋겠다네

*퇴계 귀향길 : 경복궁 사정전 출발 도산 도착 700리 길
*우노 선생님 : 이광호 연세대 명예교수
*홍택 : 도포자락. 행구 넣어둠(필기도구. 축문. 음복). 홍태기
*축시 : 1~3시 사이

거름대

오빠 귀농하고부터 금단의 열매 품은 창고
시래기 걷으러 우연히 들렀는데
천직으로 알던 농사 뒷전으로 물리고
전용 자가용 경운기도 담 밖으로 몰아내고
조석으로 하던 밭둑 걸음 의료원으로 돌린
호호백발 아부지 녹슨 청춘
앉지도 않고 벽에 엉거주춤 기대섰네
풋구*먹고 나면 초목 베어다
마구간 친 쇠똥과 통시 친 인분과
거랑가 모래 퍼다 켜켜이 얹고
설거지물까지 모아 삭힌 거름
쇠스랑으로 찍고 거름대로 걷어내며
이웃 출장 가던 때 있었건만
거름더미 술술 피어나던 김
창고 가득 서려 무성영화 돌리는데
통시 쳐 뒷마당까지 앞 장군 뒷 장군 하던
주인공 부녀가 세월의 무게 확 벗기우니
포크 처음 본 속실할배 작은 거름대가
밥상에 올랐다던 말 입꼬리 길게 뻗치고
기웃기웃하는 고물장수 눈에 불꽃 튀기지만
삼이웃 다 둘러봐도 간곳없는 거름더미
초록생들 고도비만 알면 땅 치겠지

*풋구 : 호미 씻기. 큰 밭일 끝난 뒤, 술과 음식을 먹고 노는
농군들의 휴식 풍속

기억이 키우는 국화

시에 관록 높으셔 먼 곳에서 글 배우러 오는 이들에게
나라 잃은 백성이 할 수 있는 것 없음 한탄하시며
천자문千字文부터 사서삼경四書三經과 옛 문헌까지
다양하게 짚어주셨다는데
마지막 제자 남평 할배(준희)는
명심보감까지 수학하셨는데
"무실아재는 어제 갈챈 것 모르면
차라. 때려치우고 나무나 하러 가거라"고
대노하신 상황극 펴서
"너 아배가 꼭 내림했니라" 하신다
부자분의 국화 사랑은 유별나
유년 안분당에는 국화향 멎는 날 없었는데
국화가 피기 시작하면
동이황국東籬黃菊 남천안맥南天鴈脈이라시며
생술에라도 국화 띄워서 향 즐기시며
"내 죽으면 궁디 축지 끼워 축 써달라 클라나"며
아부지 글공부 독촉하셨다는데
잎에서 꽃까지 다양하게 애용하는
황국 가꾸는 걸 소일거리 삼으신 조부 내림으로
봄이면 포기 나눠 옮기며 부지런 떠는 손길
국화 숭상했다는 조부의 유전인자 살핀다

담배

조선을 규격화하며 담배 건조장마저
전국이 똑같게 지어야 경작 허가 내줬다는
바다 건너 무지랭이들
뭐든동 빼앗아야 직성 풀리는 근성
조선에서 질 좋은 건 마카 뺏아
우리네 민초들 말초나 피우게 했다지
대꼬바리로 시게 때려 혹불 돋아도
직성 안 풀리겠는데
건강상 문제로 옛 영화 발가벗기는 담배 보며
사랑방 긴 대꼬바리 탕탕 치던 양반들
빠뿌리* 물고 폼잡던 신흥부자들
험악한 사진으로 집 지은 궐련 보면 뭐라 할까?
"담배 먹으면 회충 죽는다"던 말
거짓말에 상 거짓말이란 걸 받아들일까?

조선 땅이 영영 자기네 것일 줄 알았겠지만
다 뺏기고도 양질의 담배
세계 시장 진출하는 다부진 민족성은
주잪추지 못했지롱

*담배 : 청송이 주산지였음
*빠뿌리 : 물부리

제5부

산문 2편
· 중평교 건설에 대해
· 아부지와 미룬 여행

중평교 건설에 대해

　비만 오면 흔적도 없이 사라지는 섶다리
　육지 속 섬으로 남은 산골 더더욱 발 묶고 맨발로 물 건너던 고초
　세기를 넘어 늙어가던 중
　잘살아 보자는 새마을 운동 만난 산골 민심 부글부글 끓어오르자
　청년들이 들고일어나는데 최고의 난제 자금줄이 가로막으니
　다음 세대들의 교육과 문중의 미래 위해
　무슨 수를 써서라도 다리를 놓아야 한다는 큰 그림 펼친 마을 원로들은
　자금 조성에 적극 동참하여 청년들에게 힘을 실어
　아부지(두현)가 교량 추진 위원장 맡고
　현골(재준) 할배가 새마을 지도자 맡아
　힘들고 궂은일은 앞장을 서서 해결하려 애쓰니
　윗마을 병부와 청싯골도 합세해 힘 보태어
　대동 갓(대동 산) 매매하고
　윗마 송계 매매하고 아랫마와 송계 합하고
　땀봉(독봉) 마을 소유 답 일부 매매하고
　부동산 소유분을 기준으로 9등급으로 나눠 가정마다 분담하여도 턱 부족이라
　출향 인사들에게 고향발전 기금 명목으로 찬조금을 받기

로 결정해

　원두들(수근), 내앞(용갑), 연당(용직), 내급(용환) 할배, 아부지(두현)가 팀을 이루어 먼저 서울로 걸음을 하였단다.

　때는 고향 까마귀만 봐도 반갑다는 세월이 조금씩 희석되어 가고 있었다. 빠듯한 객지살이로 먹고사는 것에 급급한데 갑자기 들이닥쳐 다리 놓겠다고 돈을 내놓으라니 출향 인사들 얼마나 당황스러웠을까. 더해 한 뭉치 내놓을 사정도 아니고 보니 차갑고 무거운 분위기는 서로를 민망하게 했단다. 서울의 지리도 어두운데다가 여비도 넉넉잖을 즈음 촌 어른들의 딱한 사정은 또 다른 인정을 낳는다. 목계(재대) 아재가 누나(동불이) 집으로 안내해 묵은 피로 풀고 새로운 일정을 논의하자고 했단다. 물정 아는 딸네가 입고 온 셔츠를 빨아 밤새 다림질로 말리며 친정 위신 세우려는 열성 앞에서 서울만 바라볼 수 없음을 인식하여 새로운 결심을 했단다.

　연당 할배와 내급 할배는 연고가 있던 부산으로 내려가고 남은 3분은 청와대 경제부 출입 기자 영각 할배를 만나게 된다. 나천 할배(영각의 어른)가 중들 오시면 안분당 사랑에 머물렀단다. 한번은 할배가 돌아가신 후이지만 사랑에서 3개월을 머문 일이 있어 아부지가 그 말씀을 드리니까 고향을 위한 열성을 보인 영각 할배가 그 보답을 어찌해야 하느냐며 대접을 융숭하게 하고는 경상북도 도지사 구자춘과 동기동창의 인연 내세워 연락 주선하여 경상북도의 도비를 지원받는다. 이것은 굉장한 일로 하경하는 길은 벌써 철다리를 걷는 기분이었다고 한다.

　작은 마을에서 동네 자산을 처분하고 집집마다 성금을 내고 출향 인사들에게 반 강제하다시피 해 받은 찬조금이 넉넉할 리 만무했기 때문이다.

경북도의 지원은 마을 사람들의 청춘이 노동 앞에서도 당당하게 했고 앞치마에 돌을 담아 나르는 안녀자들의 교육관 넓히는 계기가 되었고 젊은 청춘들에겐 새로운 세상으로 나아갈 용기를 키우게 했다. 더불어 공들여 수확한 농산물의 유통에도 큰 영향을 주어 주머니 사정도 돌아보게 했다.

이보다 조금 앞서서 마을 청년들은 야학을 통해 신문물을 받아들여 성리학의 초석 다지신 불훤재(신현), 간재(신용희) 선조의 업적 갈무리고 살았던 500년을 세상 밖으로 드러내는 시발점 삼으며 농촌 계몽운동에도 적극적이었단다. 그때 만들어진 4H 구락부 노랫말을 보면 절절한 고향 사랑이 녹아 향기를 뿜어 내리고 있다.

4H 구락부 노래
-신기호 작사

물 맑고 산빛 고운 중들 벌판에
장엄한 할아버지 핏줄을 받아
영원히 빛내보세 우리들 모듬
그 이름도 우렁찬 중평구락부

산 높고 인심 좋은 우리 터전을
대대로 갈고 닦아 찬란한 업적
우리들 길러주신 거룩한 모듬
그 이름도 빛나는 중평구락부

우리와 자자손손 살고 묻힐 곳
양어깨 둘러메고 나갈 용사야
우리들 젊은 혈기 뭉쳐서 만든
그 이름도 무궁한 중평구락부

비만 좀 낫게 왔다 하면 200여 명의 학생 땡땡이치던 추억
　　형상 메던 상두꾼들 막걸리 상 몇 번이나 받으며 상주들
애태우던 해학
　　옥산지. 거시기 논물 보러 다니며 당하던 수난
　　장거리 이고 지고 폭염과 추우에 떨던 궁상
　　섶다리 다릿발의 일렁이던 긴 그림자 위 청소깝 사이로 녹
아들던 고요
　　사수천 건너 세상에 대한 상상을 녹이던 시절이 농기구와
소형 자동차만 다닐 수 있는 철다리 건설로 마을 최대 숙원
사업이 해결되니 청년들은 안주하지 않고 마을 근대화를 위
해 여전히 애를 써 마을 입구를 포장하게 된다.
　　교량 놓기 위해 거두었던 돈 기준으로 하려니 반 동가리
(교량부터 굽이 트는 데까지) 포장을 한다. 그렇지만 이 또
한 동민 부담 도로포장은 전국에서 유일했단다. 주민들은
여전히 미편한 심정으로 정부 지원사업을 찾던 2년 뒤 북한
원조 시멘트를 지원받게 된다. 시골 마을 젊은 혈기로 하나
된 의지는 북한 원조 시멘트를 더 의미 있게 하여 면싯골부
터 협동조합까지 포장을 이어내니 남·북한의 자원이 어우러
진 도로로 의미를 더해 마을은 한층 드러났단다.

　　연화 반개형으로 학문을 이어오며 예의범절을 반듯하게
유지하고 미풍양속을 잘 지켜낸 반촌 중들마을 사람들. 잘
살아 보자는 의지는 무에서 유를 창조해 새마을 운동의 전
국적 모델이 되어 아이들 교육만은 시켜야 한다는 의지에 불
을 지폈다. 따라서 산업화로 나아가는 시대적 대세에 따르
며 급격한 산업화에 농경문화 즉 미풍양속이 그리 쉽고, 빠
르게 퇴색될 줄은 꿈에도 생각한 적이 없었다. 출향 인사들
마지막 잠은 고향 산천에서 편안히 들려던 소망마저 봉안당
으로 모셔지는 현실 보며 1982년 새로 건설된 중평교를 바

라보았다. 육중한 몸매로 사수천 오르내리는 물고기들의 등대 된 고적한 사연은 무심한 세월 동안 억척스레 살아낸 시간이 곰삭아도 돌아봐 주는 이 없다. 그래서 얇은 견문일지라도 한 줄 기록으로 남겨 고생하신 마을 분들에게 감사의 맘을 전하고 싶었다. 수고하신 주민 모두를 옮기지 못한 서운함은 애향심 깊은 누군가를 기다리기로 한다.

아부지와 미룬 여행

　　1418년(세종 즉위년) (진보현 속현인 청부현이)소헌 왕후 심씨의 본향이라고 청부현과 진보현 두 고을 명칭 한자씩 따서 청보군으로 승격한다. 소헌 왕후 심씨를 기리기 위해 1423년(세종 5년) 청송을 도호부로 승격한다. 이때 현으로 독립한 진보현은 1474년(성종 5년) 고을 사람이 현감을 모욕했다는 이유로 폐현되어 청송도호부에 편입되었다가 1478년(성종 9년)에 복구된다. 1895년(고종 32년) 2차 갑오개혁으로 진보현이 진보군으로 개편되고 1914년 조선총독부는 청송군에 편입시킨다. 진보면의 남면은 청송군 파천면 일부로, 북면은 영양군 영양면, 입암면의 일부로, 동면은 영양군 석보면, 동면의 낙평리는 영덕군 지품면으로 편입된다.
　　파천면의 일부는 중들까지인데 고구려 시대에는 청기현^{靑己縣}이었고 신라에는 적선^{積善}으로 불리었단다.

　　　구순의 아부지 동자^{童子} 기억 한일합방 전으로 돌아가서 불러내는 진성현 명승, 유적지, 집성촌, 지명, 서원, 정자들. 구전으로 전하던 것 중심으로 여행을 한다.
　　　모국어도 갸우뚱 고개 기울이게 하는 우리말이 한자 발음을 누르기도 하고, 일제 강점기에서 눌러앉은 말도 그대로 받아 적었다. 듣고 나면 잊었비고 다시 들어도 저장 안 되는 것을 도로명 주소가 그 고통 이해한다는 듯 그마저 사부작사부작 갉아 먹어 아예 낯선 말이 많다. 원래 취지 살려 더

잊혀지기 전에 기록으로 남겨 놓고 입으로 입으로 전하던 사연 옮겨보며 이태조의 영정과 호장공 묘의 전설은 아부지가 말씀하시는 것과 같아 청송군 홈페이지에서 가져 왔음을 밝힌다.

진성현 4개 문중
　평산 신문 : 합강. 중들. 신촌
　안동 권문 : 신나이(광덕). 한산. 후평 일대
　동래 정문 : 연당
　전주 최문 : 영덕군 지품면 낙평리

진성현 5대 명승지
　1. 홍구 : 입암면과 진보면 경계 위치로 반변천이 산태극 수태극으로 돌아 나가는 곳이라 1명산. 독립운동가 허방산이 선산에서 이주한 곳. 여러 성 모여 살아서 반촌은 아님.

　2. 어천 : 두 길을 파도 돌 하나 안 나올 정도로 토심이 깊음. 산간두옥으로 밀양박씨 평산 신문 어천파가 주로 거주.

　3. 각산 : 영해 박씨 살았는데 후에 역촌이 되었음. 임진왜란 때 이여송이 조선에 대인 명인 대사가 많이 나는 것은 명산이 많다고 여겨 전국의 혈 끊었는데 각산 혈만이 남은 것을 알고 붓으로 끊었는데 홍구 뒷산에 큰 구데이가 실제로 있었다고 전함.

　4. 중들 : 연화 반개형으로 문필봉 있어 학문이 이어졌음. 평산 신문 집성촌으로 생리^{生利}가 푸근하고(토지가 많고 지대가 광활한 대촌으로 반촌의 규모가 다 갖춰졌음)

　5. 모질 : 오목한 산중으로 곡식이 잘됨. 생곡(잘 여문 것)이 특이하여 곡식에 진기(기름기)가 나서 쌀은 진보 현감에게 진상하였다고 함. 동래정씨 세거지로 중촌.

목계솔밭 : 황성옛터 작사가 왕평 노래비 있음. 진성이씨, 영천이씨 호수가 똑같았음.
　감곡 솔밭 : 가람실 지나면 명산 거노리있음. 노송 많음. 가끔 금줄 쳐 당제 지냈음. 벽진이씨 세거지
　중들 솔밭 : 피란지지로 문중 입향 후 가꾸었음. 평산 신문 세거지

이태조李太祖의 영정影幀*

　전설에 의하면 지금부터 약 백여 년 전쯤의 일이라 한다. 통훈대부 현감 김동윤 공이 밤이 되어 잠을 청하였는데 홀연히 어떤 노인이 그의 앞에 나타났다. 얼굴이나 몸에서 풍기는 인상이 범할 수 없는 위엄이 그득하여 예사 사람이 아닐 것이라는 생각을 하는데 그 노인은 "나는 지금 깊은 산골에 기거하고 있는데 집도 없는 터이라 비바람을 면하지 못하고 있소. 그러니 현감이 내 집을 지어 주시오"하더니 대답할 겨를도 없이 어디론가 사라지고 말았다. 현감이 놀라서 깨어보니 그것은 꿈이었던 것이다.

　다음 날 아침에 지난밤의 꿈이 너무나 생생하게 기억되어 이상하게 생각하고 곧 사람을 불러 "지금 곧 신법 깊은 산골에 들어가서 그곳에 기거하고 있는 사람이 있는지 알아보고 주위에 무엇이 있는지 찾아보도록 하여라" 하고 사람을 보내었다. 후에 사인이 돌아와 전하기를 "그곳에는 기거하는 사람이 전혀 없고 다만 주위의 골짜기를 살펴본 결과 이 한 폭의 화상을 발견했을 뿐입니다" 하고 화상을 현감에게 올리니 현감이 보니까 꿈속에 나타난 그 노인이 분명했다. 그래서 또다시 전문가에게 감정을 의뢰하였더니 전문가는 이를 보고 깜짝 놀라며 "이 태조대왕의 영정이오"라고 외쳤다.

이에 현감은 영정을 소중히 모시고 행정구역인 화매동(현재의 석보면)에 거주하는 부자 배정주의 찬조금을 얻어 웅장한 전각을 지었다. 그리고 그곳에 대왕의 영정을 모셨다. 또 소재지의 권, 우, 이, 박 네 씨 문중에서 토지를 매입하여 수호인을 정하고 경작한 수확 곡으로는 매년 정월 삭망 일에 고사를 지내었다.

호장공戶長公의 묘

청송군 파천면 신기리 북쪽 깊숙한 산기슭에 묘가 한 위位 있는데 이 묘지가 이퇴계 선생의 육 대조인 호장공 유해를 뫼신 곳이다. 이 묘소는 군내에서는 제일간다는 명당자리로서 지형이 흡사 암탉이 알을 품고 있는 형상이어서 호장공을 이곳에 뫼시게 된 재미있는 전설이 있다.

옛날 퇴계 선생의 오대조 되는 이가 진보군에 아전으로 있었을 때 서울에서 부임해온 풍수지리에 밝은 원님이 어느 날 고을을 두루 돌아보다가 이 산 지리를 자세히 살펴보고 나서 함께 수행한 아전에게 이르기를 달걀을 가지고 가서 저 산에다 파묻어 두었다가 오늘 밤 자시(밤 11시~1시)까지 기다려 닭 우는 소리가 나는지 들어보고 오라고 분부했다. 그 아전 또한 풍수지리학을 좀 익힌 바가 있어 그는 딴 생각을 품고는 썩은 달걀을 묻어두었다가 원님 앞에 가져가서 닭이 울지 않으므로 다시 파내어 가지고 왔다고 하니 원님은 그 달걀을 깨어보았다. 썩어 있는 것은 당연한 이치였다. 원님은 약간 실망한 기색이었으나 그 후 원님은 그 산에 대하여 아무 말도 없었고 2년 후에 원은 호조 참판으로 승진되어서 서울로 갔다. 원님이 떠난 지 얼마 후에 아전은 밤중에 남몰래 달걀을 가지고 가서 그 산에다 묻어두고 몇 시간을 기다렸다가 파보니 병아리가 되어 있었다. 아전은 틀림없는 명산이라 확신을 하고 원님을 속인 것이 죄스러웠으나 그는 흐뭇한 마음으로 집에 돌아왔다.

　얼마 후 그는 친상을 당하여 그 산에다 아버지를 안장했더니 어찌 된 영문인지 시체가 땅 위로 솟아 나왔다. 그래서 아주 깊이 파고는 다시 묻었으나 또다시 땅 위로 솟아올랐다. 아전은 하는 수없이 부친의 시신을 이웃 산에다 가장해 놓고 급히 서울로 달려갔다.
　서울에 올라온 그는 옛날 뫼시던 호조 참판을 찾아뵙고 지난날의 잘못을 사죄하고는 찾아온 연유를 말했다. 사연을 듣고 난 호조 참판은 그제서야 그 산 지리를 자기가 잘못 보지 않았음을 깨닫고 만면에 미소를 지으면서 말하기를 그 산은 너무나 터가 좋기 때문에 필경 도깨비 놀이터가 되었을 거야. 그러므로 평범한 사람은 장사 지내기가 어렵게 되었다 하면서 벽장에서 해어진 관복 한 벌을 내어주며 이르기를 부친시체에다 이 관복을 입혀서 묻으면 다시는 그런 일이 없을 것이다라고 말했다. 아전은 너무나 고마워서 깊이 감사드리고 집으로 돌아와서 참판 대감이 시키는 대로 했더니 과연 그 후부터는 시신이 땅 위로 솟아오르지 않았다. 그 일이 있고 난 뒤 육대六代 만에 유명한 학자 퇴계 선생이 태어났다.

진성현 돌아보기
　모질 쌀 : 진보 5대 명승지에도 드는 모질. 산중이면서 들이 너르며 토질이 좋아서 안동군 길안면 모티, 금다이에서도 나락 농사를 지으러 왔다는데 쌀의 품질이 좋아서 진성 현감에게 진상하였단다. 동래정씨 집성촌.
　황목皇木 : 예전 황목荒木에서는 피부가 험한 사람이 많아서 일반인이 살기가 어려웠단다. 그러던 어느 날 한 주민이 현감에게 아뢰니 명민한 현감께서 마을의 이름을 바꿔 보면 좋겠다고 거칠 황㞦에서 임금 황㞦으로 고쳤더니 이후로 나병이 사라졌다고 한다. 봉화금씨 진성이씨 한양조씨, 배씨가 어울려 거주함. 이 이야기는 황목에서 동란 전 빨치산을 피해 중들로 이주한 밤싯골 합강어른에게서 직접 들으셨다고 함.

　입암立巖 : 연당 쪽으로 뽀족하게 솟은 바우가 섰으므로 입암이라고 함. 영양의 곡창.

　연당 : 영양군 입암면 소재. 자연적으로 형성된 못에 연꽃이 있어 연당이라 함. 동래정씨 집성촌. 연못가 수문공 유허비 있음.

　샘재 : 의성김씨 목사공파
　신나이 : 광덕, 한산. 안동권씨
　돈골 : 영양남씨 다수. 안동권씨 드문드문. 타성 거주
　목계 : 진성이씨. 영천이씨
　어천 : 평산 신문. 밀양박씨
　송강 : 여산 송씨. 김해김씨
　신촌 : 예전엔 상리 : 평산 신문, 하리 : 김녕김씨, 한양조씨
　고현 : 한양조씨(주실 분가)
　곳티 : 꽃티 상락(사촌)김씨 집성촌 임하댐으로 수몰. 청송군 파천면 송강 두견화(참꽃)만발하여 꽃 피는 재
　가람실 : 동서남북 어느 등 할 것 없이 동네 향해 혈이 내려와서 기묘함. 벽진이씨 대촌
　거노ᄐᆞ기리 : 도포 수술 형곡(바람에 도포 띠가 흔들리면 수술이 일렁이는 형곡은 명산)으로 설렁설렁하는 경사가 있다고 함.
　감곡 입구(가람실 입구) : 진성이씨. 고감람(가람실 지나 안쪽 위치)
　합강. 중들. 신촌 : 평산 신문

구례 : 진성이씨. 흥해배씨

관동 : 고려 시대 관아 터 추정. 200여 년 전부터 달성서씨 거주

병부 : 순천장씨

청싯골 : 안동김씨

신기 : 평해황씨 대촌

옹점 : 진보와 파천의 경계로 옹기골 있었음

소무골 : 화전민

뱀밭골 : 화전민

서원과 정자

봉람서원 : 영양군 입암면 봉감. 퇴계 이황의 학문과 덕행을 추모하기 위해 송만공 이정희가 옥동서원으로 건립하였다가 봉람서원으로 개명하고 대원군 때 훼철돼 복원 안 됨. 훼철 시 건축자재는 남경대 중건에 활용하였음. 퇴계 독배향.

통일 신라 초기 석재 사용한 봉감 모전5층석탑 : 국보 제187호

행사 주관 : 중들과 신나이 문중. 천재 신필흠의 방문시로 확인 가능. 봉람학계 서문 나랏골 할배(신완) 쓰셨음

풍호정 : 풍호정(신지) 선조가 1414(세종 14) 건립. 과장 나아갈 수 없는 선비의 기상 달래는 치유의 시간으로 아우 주부공 (신희)과 지역 유림과 더불어 유유자적하게 노년을 보낸 정자로 근대에 보수하며 진보면 사무소에서 사용한 시멘트가 단단하다고 재사용하여 문화재 지정은 풍호정 주사가 받았음. 경북문화재 자료 제292호

신정 : 성천공(신전)을 기리기 위한 정자.

백호서당 : 존재 이휘일 선생의 유업을 기리기 위해 1757(영조 33년) 영남 유림과 진보 향 중에서 건립하였음. 임하댐 수몰(1989)로 현 위치로 이건하였음.

송만정 : 임진왜란 때 곽재우 의병장과 화왕산 전투에서 공을 세웠던 송만 권준의 공덕을 기리기 위해 1863년 후손들이 세웠음.

세덕사 : 주:풍호정(신지) 차:물천공(종위) 서:참판공(예남) 배향. 대원군 때 서원 훼철되었다가 복원 안 됨. 묘우 : 서강사 학봉(김성일)께서 진보 유림 움직여 합강에 서원 지었음. 조상 대대로 덕이 있는 어른을 모신다는 의미로 세덕 世悳으로 명명.
기곡재사 : 퇴계(이황)가 마음의 고향으로 노년을 보내고자 하였던 마음을 "청송백학"이란 시로 표현. 경북 민속문화재 제155호.
남경대 : 영양군 입암면 산해리 문해마을 진보향중에서 지음. 경상북도 문화재 자료 제645호. 산택재(권태시) : 검재에서 훈학하다 문해기착 : 서산옹(김홍락, 정제의 수제자)이 산택재 추모하여 더 들남서산옹 주관으로 진보향원 움직여 산택재 문집 내고 진보 향 중에서 남경대 짓고 산택재 추모한다.

부모님과 한 번도 여행을 못 해 본 딸이다. 언제나 미루었다. 여행이 사치라고 여기시는 부모님을 설득할 방법을 찾지 못한 무지를 무엇으로 표현하랴. 사는 것에 최선을 다하며 주변인들에게 피해를 끼치지 않으려 노력했다. 부모님께서 강조하시던 역할에 충실하며 염치를 잃지 않으려 애썼던 시간들이 이제 변해버린 사회 통념으로 인해 안타까움을 자아낸다. 부모님께서 그렇게도 지키려고 애썼던 봉제사 접빈객은 이제 겨우 명맥만 이어져 가는 것이 현실이다.

누구를 원망할 수도 없이 시대가 그렇게 변해 버린 것인 가운데 나는 아버지가 그렇게도 원하시던 종부의 삶을 살고 있다.

이젠 내 입으로 종부란 말이 흘러나올 만큼의 종부 수업은 길었다. 밭 어른 상중에 혼인하여 30여 년을 층층시하에서 익혔던 종부의 삶. 이젠 이마저도 탈색되어 간다. 아직 갈 길이 먼데 시대를 쫓아가지 못한 중년의 종부를 아부지는 아직도 지지하시며 응원의 말씀 아끼지 않으신다. 환자의 입장으로써 딸에게 전하는 말씀은 "뒤 끝은 있다." "접빈객 소홀히 대하지 마라." "아이들 뒷바라지 힘들다고 여기지 마라." "치산 잘해라." 늘 조심하라는 말씀이다.

그 말씀대로 격식에 맞는 삶 영위하려 무단히 단속했던 시간들에 한 번도 항명하지 못했던 것은 친정 욕보이지 않으려는 마음가짐이 있었다. 부모님이 계신 동안은 채찍질하며 지키려 애썼다. 그것이 큰 집에 보낸 큰 뜻임을 알았기 때문이다.

처음 아부지가 중환자실에서의 고비를 넘길 적에는 아무 생각을 할 수가 없었다. 그저 이 고비를 넘기기만 빌었다. 그 후로도 몇 번의 고비를 넘기면서 생각을 정리했다. 부모님께서 내게 주신 유전인자 속 가장 확실한 유가의 삶에서의 태도들을 정리해 보자였다. 안녀자가 뭐 그리 대단한 것을 알겠는가만은 부모님이 실천하시던 삶 속에서 보고 행했던 것들이라도 기록해 보자였다. 다행히 종부의 삶 자체만으로도 상당 부분 자료가 되었다.

병석에 계신 아부지와 함께 하지 못한 것이 많이 억울하다. 아부지가 알려 주실 것이 아직 태산인데 이젠 기력이 달리고 기억마저 희미해지고 있다. 딸에게 주고 싶었던 유가의 전고를 아직도 잘 받아들이지 못하는 딸을 안타까워 하신다. 변한 시대상을 전해 들으시곤 다 부질없는 일이 됐다고 하신다.

딸의 입장에서는 그것도 나중에 한으로 남을까 싶어 아부지 지인(낙천 할배 신재승. 조용하 어른)에게 도움을 청하기도 하며 진성현 여행을 전화기를 들고 귀로 했다. 부족한 부분들은 청송군 홈페이지를 통해 확인도 했다. 현대인들이 보면 웃을 수도 있겠지만 아부지의 기억을 살리는 데는 최고의 방법이었다. 코로나 19로 인해 면회마저 자유롭지 못했는데 정기적으로 하는 통화는 아부지가 바깥세상을 알 수 있는 유일한 소통 창구가 되었다.

부녀父女가 공유할 수 있는 것 중 고향에 관련된 선조, 문중, 연비 연사, 미풍양속, 절기에 따른 농가의 생활상, 전통놀이 등등으로 통화를 이어가며 상상의 여행을 했다.

아부지는 평소에 문중 관련 서원, 향교, 문화재 관련 출입이 잦으셨다. 그래서 도포와 갓이 늘 장 안에 준비되어 있었다. 한편으론 좋은 향나무를 만나면 꼭 준비를 하셨다. 제사에는 꼭 목향을 쓰셨기 때문이다.

아부지 방 사랑방에서 늘 나던 옛날 냄새가 상비약처럼 적재적소에 알맞은 문장이 되어 주었다.

아부지와 옛 진보(진성)현을 돌아보며 21세기를 살아가며 19세기를 그리워하는 현실 부적응아가 된 기분이 들었다. 현실적으로 맞을 수 없는 일들. 인공지능이 탑재된 생필품도 숱한데 입에서 입으로 전해온 전고를 따라 행하여지던 의례들. 형식에 따라 행하며 유지하려는 유림의 노고에 절로 고개를 숙이며 고향 청송이 사람 살기 좋은 곳, 삶의 행복지수 높다는 곳으로 알려지길 염원하며 아부지와 미룬 여행을 마친다.

평설

청송 명가의 위덕威德과
전통 유학儒學의 기풍을 담다

조명제(시인, 문학평론가)

1

 신순임 시인이 새 시집 『친정 나들이·둘』을 낸다. 『무첨당의 오월』 『앵두 세배』 『양동 물봉골 이야기』 『양동 물봉골 이야기·둘』 『친정 나들이』 『탱자가 익어 갈 때』에 이은 일곱 번째 시집이다. 경상북도 청송군 파천면 중평리(중들) 출생의 신순임 시인은 경주시 강동면 양동리 물봉골로 시집가서 살면서 친정인 고향의 풍물과 인심, 청정한 자연과 명승, 선비문화와 토속어 등등에 대하여 경험하고 고찰한 사실들을 시로 읊은 것이다. 그는 이미 시가媤家 회재晦齋 이언적李彦迪 (1491~1553) 선생 종택 무첨당無忝堂 안주인이 된 이래 경주 양동마을의 풍물과 자연, 유교적 전통문화와 명문종가의 덕목, 봉제사奉祭祀와 접빈객接賓客 등에 관한 테마를 앞에 든 여러 시집에서 구현하였었다.
 청송 중들과 경주 양동을 아우르는 시를 써 온 신순임 시인은 예사의 사람, 예사의 시인이 아니다. 신 시인의 고향인 청송군 파천면 중평리에는, 후백제 견훤과 대구 팔공산 전투 때, 왕의 복장으로 위장하여 위기의 왕건을 구하고 죽은 고려 개국공신 신숭겸 장군의 12세손인 불훤재不諼齋 신현申賢 (1298~1377) 선생의 종택 안분당安分堂이 있다. 성리학을 개척한 대학자 불훤재 선생의 직계가 신순임 시인으로, 종택 안분당에서 나고 자란 마지막 세대라고 한다.
  경주 양동으로 시집을 간 신 시인은, 안분당을 지키며 농사를 지으시는 부친을 뵙고 농사일도 거들 겸 비교적 자주 찾아간다고 하였다. 파천면 일대에는 반가촌이 형성되어 있는데, 평산 신씨와 봉화 금씨(중들), 아산 장씨와 청송 심씨(덕천리) 등이 그 대표적인 가문에 든다. 불훤재 선생의 평산 신씨는 뿌리 깊은 충신 명가로 자부심과 법도가 엄중함은 말할 것도 없다. 신순임 시인은 명가의 무거운 법통을 한 몸에 받고 자라나 규범이 예사롭지 않고, 가문의 법도를 고스란히 물려받은 바, 대가大家의 연중행사를 너끈히 처리내고 있는 종부宗婦이다.
  신순임 시인이 청송의 친정을 자주 찾는 데는 그만한 까닭이 더 있다. 노친老親을 찾아 문안하고 안분당을 살펴보는 일은 물론, 파천을 중심으로 한 청송의 언어를 채집하기 위해서이다. 필자도 신라적 표준 언어의 토대였을 경상도 방언을 메모하여 더러는 시작詩作에도 활용하고 있는데, 현대의 우리 국어사전에는 없는 말들이 적잖아 살려 쓰면 좋을 것이라는 생각을 하고 있다. 신순임 시인은 세월 따라 잊혀지고 사라져 가는 청송의 토박이 언어에 대한 강한 집착을 가지고, 한 단어라도 더 챙겨 기록해 두기 위해 고향을 찾아 어르신들과 대화하고, 질문하고, 군청의 문화과를 방문하여 확인하고, 자료를 구하여 고증하는 등 백방의 노력을 다 해 온 것으로 안다. 그리하여 그의 시편들은 청송(경상도 안동 문화권) 토박이 말이나 사투리로 씌어지는 부분이 많다. 신 시인의 그런 시를 읽는 꿀 같은 재미는 청송 사람, 안동문화권 사람, 넓게는 경상도 사람에게 더할 것이다. 그렇지만 그것이 전부는 아닐 터인 것이, 다른 지역의 언어살이의 사람들이라 할지라도 상이相異한 말의 새로움과 신기함, 정겨움과 재미에 빠져 들 수 있겠기 때문이다. 경상도 사람이 전라도, 충청도 사람들의 말결의 특색을 상당히 알게 되었듯이, 다른 지방의 사람들도 발달한 여러 매체나 원활해진 교류를 통해 경상도 토속어 및 방언을 생각보다 많이 이해하고 있을 것이다. 그런 문화적 상관의 교류로 말미암은 소통의 장에서, 관심과 애착만 가진다면 아주 흥미롭게 신 시인의 시를 읽게 될 것이다.

신 시인의 시가 고택 무첨당은 회재 이언적 선생의 종택宗宅으로, 의정부 좌찬성에 올라 영의정에 증직되어 종묘의 명종실에 배향되고, 한국 성리학 최초의 체계적인 저술을 남겨 영남학파의 태두로 추앙되며, 성균관 문묘에 종사된 회재 선생의 국불천위國不遷位 대제大祭를 지내는 건물이다. 신순임 시인의 시집 『탱자가 익어 갈 때』(스타북스, 2023)의 뒷날개에 기록된 바, '무첨당無忝堂은 성균관成均館 승무陞廡 18현의 한 분인 회재晦齋 이언적李彦迪의 대제大祭를 모시는 제청祭廳으로, 1592년 이전에 지어진 건물이다. 무첨無忝은 『시경』「소완小宛」의 "일찍 일어나고 밤늦게 잠들어서, 너를 태어나게 하신 분들을 욕되게 하지 마라(숙흥야매夙興夜寐 무첨이소생無忝爾所生)."에서 유래하는데, 이를 회재의 맏손자 이의윤李宜潤(1564~1597)이 호로 사용하면서 제청의 당호로 사용하고 있다. 건물의 규모는 정면 다섯 칸에 측면 두 칸이며, 서편으로 방에 이어서 만든 누마루가 두 칸의 폭에 한 칸의 깊이로 되어 있고, 지형의 높낮이를 이용하여 잘 꾸며져 있다. 1964년 보물 제411호로 지정되었다. 2010년 유네스코 세계문화유산에 지정된 양동마을에 소재한다.'라고 요약되어 있다.

2
고향 청송 친가의 불훤재 종택 안분당과 경주 양동 시가의 회재 종택 무첨당 양대 명가 600년 500년 내력의 전통과 정신의 기풍氣風을 온몸으로 받아 들여 대를 잇고, 봉제사 접빈객 등의 법도를 다하여 실행하는 신순임 시인은, 거듭 말하지만 예사 사람으로 여겨지지 않는다. 뿌리 깊은 명가의 종부인 그가 어느 결에 시를 쓰고, 그것도 흔해빠진 시가 아니라, 양대 명가의 전통과 문화, 문화유산과 인물, 고결한 정신의 학덕과 인정人情, 자연친화와 극진한 효심 등등을 구구절절 연구하고 취재하여, 저력의 시로 형상해 내는지 그 능력을 쉬이 가늠할 수 없는 까닭에서이다.

제5시집인 『친정 나들이』에서 시인은 이미 친정 평산 신씨의 뿌리와 불훤재 종택, 불훤재 선생을 모신 사양서원泗陽書院을 비롯한 건물들, 불훤재 선생의 고명한 대대 후손들의 고택과 정자, 강학당과 영정각影幀閣 등을 주제로 한 시를 쓰고, 선비마을의 전통이 스며 흐르는 생활과 미풍양속, 시절 풍습 등을 형상한 바 있다. 그러나 한 권의 시집 속에 600년 전통 명가의 태산 같은 정신문화와 문화유산, 청송의 언어 및 삶의 양상들을 다 담아낼 수는 없는 일이다. 그 못다 한 수많은 문화유산과 학덕의 전통, 인정과 풍속의 미덕, 자연 경관과 사람살이 등을 이번 시집에서 보여준다.

신순임 시인은 시집 『친정 나들이』의 서문(일부)에서, 명가의 전통을 유전처럼 이어받고, 명가에서 다른 명가로 시집보낼 날을 생각하여 미리 뼈에 사무치게 각인시킨 종부 수업을 어버이 성정에 따라 고스란히 물려받아 실천해 오고 있음을 말하고 있다. 그 같은 종부 수업이 양동의 무거운 시가 무첨당 종부로서 명가의 전통과 정신을 지켜 내면서, '고택의 주변을 스케치하고 글과 사진으로 옮기며 전통문화를 이어가고' 있는 것이다. 그런 한편, 출생에서부터 겪어온 고향 청송 친정의 정신과 전통문화, 언어살이와 자연경관, 농사와 인심 등을 시로 구현해 내고 있다.

오호 통재라 라이더들의 해방구라니

유네스코 세계 지질공원 지정받으며
신성계곡 산대배기 공룡 재현해
그네들 발자국 따라 흔적 살펴보고
습곡구조 자연스레 살필 수 있게 정원 조성하고
위장병 신경통 부인병에 좋다는 달기 약수탕
기암 괴봉의 주왕산
관내 흩어진 주상절리 절경들 재조명받아
삶에 고단함 느끼는 이들에게
살아 있는 자연의 양기 듬뿍 내어주는 곳

손익계산서 안중에 없이 퍼내기 바쁜 산소카페*
산나물 고로쇠 어패류 과실류와 갓추갓추 농산물
주왕산 약수탕 덕만은 아님을 입증하며
인구 소멸 지역 벗어나려 노심초사라
그 속 헤아리는 해와 달과 별
빛의 세기 더 높여 청정 기운 무한대인데

시간 전하는 온도도 높낮이 따라 바꾸던 삼자현재
범과 도적 떼 출몰로 셋 이상 모여야 넘었다는 말
쌀 한 말 못 먹고 시집갔다는 말
울고 왔다가 울고 나간다는 말
삼자현 터널 1, 2호가 고래장시켰으나
튼실한 내 뿌리 꼿꼿해 고향별리 무한하건만
라이더들의 해방구라니 오호 통재라
 ㄴ「친정 가는 길 1」 전문

　　이번 시집에서는 먼저 시인의 친정이 있는 청송의 자연경관과 경관 훼손의 우려를 형상하여 전개하고 있다. 경북 청송은 동으로 영덕, 북서로 안동, 남으로 영천, 서남으로 의

성, 북으로 영양과 인접해 있는 곳이다. 태백산맥의 남단 낙동정맥에 위치하여 해발 평균 고도가 500~600미터에 이르러 청정하고 일교차가 심하다. 국내 여느 지역과도 차별화되는 사과농사의 길지인 까닭도 거기에 있다. 소백산에 국립천문대(1974년 설립)가 있지만, 영천과 청송의 경계 지점인 보현산 정상에 다시 국립천문대를 설립(1985년 건설 추진, 1996년 준공)한 까닭은, 더 큰 반사망원경 등 시설 확장 등의 필요성에다, 이 곳이 1년 중 맑은 날이 가장 많고, 육안으로 가장 많은 별을 볼 수 있는 지역이기 때문이다.

이 같은 청정 산소카페(*청송군 상표)의 고장인 청송에는 국립공원 주왕산과 달기약수, 주산지主山池, 굽이굽이 돌아가는 신성계곡의 방호정方壺亭과 백석탄白石灘 같은 빼어난 경관이 2017년 유네스코세계지질공원으로도 승인되면서 유명세를 타기 시작했고, 한층 더 국내외 관광객들이 붐비게 되었다. 사실 경북 3대 오지의 하나인 청송은 길이 험하고 사방팔방으로 구절양장의 위태로운 고갯길이 막고 있어서, 오랫동안 관광객이 쉽사리 들어오는 곳이 못 되었다. 그러다 보니 청송은 한국의 여느 지역보다도 산수가 맑고 깨끗한 천혜의 고장으로 보전되어 왔던 터이다.

그러던 청송이 도로가 깨끗이 포장되면서부터 세계적 지질 연구와 관광의 명소가 되고, 관광객과 라이더들이 몰려드는 바람에 자연 훼손과 청정 분위기 손상이라는 문제가 생겨난 것이다. 시인은 시의 시작부터 "오호 통재라 라이더들의 해방구라니"라는 문장으로, 고갯길도 많은 청정 고장의 청송이 '라이더들의 더없이 좋은 해방구'가 되고 있음을 옛 어투를 동원해 가며 탄식한다. 그러면서 시인은 청송의 명승과 청정 자연, 산간지역의 유별난 사연을 읊어 낸다. 이를테면, 청송군이 지대 높은 오지 중의 오지라 사방팔방이 가파른 고갯길로 둘러싸여 있는 바, 노귀재, 삼자현재, 마사리재, 황장재,

가랫재(「친정 가는 길 3」) 등은 그 일례에 속한다.

  대구에서 영천을 거치며 만나게 되는 노귀재나, 현동면 도평에서 청송읍 방향의 부남면으로 가게 되는 삼자현재는 비포장의 좁고 가파른 길이 과격한 S자형의 수없는 반복을 거듭하며 산맥을 넘나드는 터라, 차량들이 수직 벼랑 아래로 추락하여 사람 죽는 일이 이따금 발생하곤 하였다. 그 옛날 이런 잿길에서는 범에게 물려 가거나, 산적들에게 강탈당하기 일쑤였으며, 평생 쌀 한 말 먹어 보지 못하고 재 너머로 울며 시집가곤 했다. 범이나 산적 때문에 적어도 세 사람 이상이어야 넘어갈 수 있다 하여 3자현三者峴재라 했던 것이다. 그런 사정은 삼자현재만이 아니고 청송의 잿길은 대개가 그러했다. 시인은 그러한 애환이, 청송군민의 숙원사업으로 삼자현 터널 1호와 2호가 착공 6년 만인 2023년 6월에 준공되어 고래장[*'고려장'의 청송 방언]시켜 버렸으니 다 사라져 버렸을 뿐만 아니라, 그 쭉쭉 뻗은 길로 라이더들이 요란스럽게 다니는 해방구가 된 것을 몹시 염려하며 애통해 하고 있는 것이다.

    스스로 신선이라 칭해도
    아무도 토 달지 않음을 보면
    속세의 신선임에는 틀림이 없음이라
    오선五仙 그림자라도 느껴보려 신성계곡 들어
    오롯이 깨운 감성 곧추세운다
    하늘 품은 물이 나를 띄워 올리면
    물속의 나와 하늘 속의 나 사이에서
    부풀어진 상상력 허공에서 노래하고 춤추며
    감탄사 퍼 나른다
    겹겹의 층암절벽 둘러싼 계곡 품에 안은 옥수
    문장 하나씩 끌어다 설렁설렁 헹군다

오선이 앉았던 반석인가?
유체이탈했던 상념 스르르 녹아 백석 닦는데
굽이굽이 돌아드는 물길
500여 년의 시간 되돌려
맑은 마음 바닥 펴 청정 자연 고스란히 담아
유네스코 세계 지질공원으로 내어놓는데
신선이기 이전
임진왜란, 정묘호란, 병자호란에서
충의지사의 진면모 드러내 충절 표하고
광해군의 폭정에 반해 산림처사 자처한 선비정신
자유민주주의 체제에서 큰 울림 울리는데
가치관이 달라진 선비들은 묵묵부답이라
신성계곡이 이른다
내가 품고 있는 비경 앞
신선 아니 됨이 이상하지 않은가?
─「오선동」 전문

    오선동五仙洞은 안덕면 신성리 방호정方壺亭 일대의 계곡을 말한다. 방호정은 강물이 흘러와 굽이 돌아가는 절벽 위에 세워져 있다. 광해군 11년 9월에 방호方壺 조준도趙遵道(의금부도사義禁府都事, 중직대부中直大夫 등 역임) 선생이 44세 때, 돌아가신 어머니를 사모하는 마음이 간절하여, 모친 안동 권씨의 묘가 아득히 바라다 보이는 벼랑 위에 정자를 세웠다. 방호 조준도, 창석 이준, 동계 조형도, 풍애 권익, 하음 신집 등의 학자들이 스스로를 신선이라 칭하고 학문을 강론하거나 산수를 즐기며 시정詩情을 나누던 이 방호정 일대 계곡을 다섯 신선이 노닐던 곳이라 하여 오선동이라 불렀다.

    유학 숭상하며 사람의 도리 강건하게 지키려 부단히 노력했던 흔적 뛰어난 자연 풍광 속 고적함만 커 가는데 사양서원 봉람서원 송학서원 병암서원 백호서당 부강서당 풍호정 신정 귀암정 송만정 방호정 소류정 침류정 화지재 낙금당 덕양재 경모정……
　　야트막한 산하로 지역적인 경계를 두고 자긍심 무장한 각 문중 간의 선의의 경쟁은 드러난 조상의 얼이 대대손손 더 발전하길 바라는 염원으로 학업에 매진해 산소카페 대들보 되었네
　　―「친정 가는 길 4」 부분

　　허다한 서원과 서당, 정자와 재실이 유학 숭상의 정도를 엄연히 말해 준다. 자긍심 무장한 여러 문중 간의 선의의 경쟁과 학맥의 인연을 확인하게도 된다. 신 시인은 「오선동」에서 신성계곡의 청정 비경과 다섯 선비신선 이야기, 신선 이전 국가의 전란에 몸 던진 충의지사와 유네스코세계유산의 지질공원 등을 자랑하고 있다. 시인은 그 「친정 가는 길 4」에서 세종대왕의 덕비 소헌 왕후를 배출한 고장으로 청송도호부가 설치되면서부터 수많은 관료가 청송을 오가며 수려한 자연에 감탄하여 시로 읊거나 산문으로 표현하였는데, 그 중에는 퇴계 선생이 청송을 동경하여 지은 「청송靑松 백학시白鶴詩」의 대목을 비롯해서, 송백이 울울창창한 청송의 맑고 그윽한 경관의 신선세계를 기술한 홍여방洪汝方의 「찬경루기」, 주왕산을 신선세계 중에서도 옥황상제가 자리하고 있는 황도로 표현한 운천雲川 김용金涌의 「주왕산 기암시旗巖詩」, 동구에서부터 길이 다한 곳에 이르기까지 5리쯤 되는 양쪽 기슭이 모두 바위인데, 서로 포개어지지 않았으면서 아래로 바위 뿌리로부터 위로 바위 모서리까지 그 높이가 몇 장丈인지 알 수 없이 곧바로 하나의 바위로 수미일관하였다고 묘사한 여헌 장현광의 「주왕산록」 등의 일단을 보여주고 있다.
　　청송 주왕산은 수려한 기암괴석과 수직단애의 연봉, 석봉 석벽 사이로 난 맑은 계곡 길, 아름다운 옥빛 탕湯을 이룬

폭포수들, 침엽수림과 단풍나무 참나무 등속의 활엽수들이 어우러져 예부터 소금강이라 불린 산이다. 백두대간의 산줄기가 태백산맥을 타고 내려오면서 금강산, 설악산, 오대산, 두타산, 태백산을 지나 남으로 내려가다가 경상북도 동부의 중앙쯤인 청송군 부동면에 빚어놓은 기암절벽의 명산이다. 낙동정맥의 중간에 위치한 주왕산은 청송군과 영덕군에 걸쳐 있는 진산으로, 약 7,000만 년 전 화산 폭발이 거듭된 후, 풍화와 침식 작용으로 형성된 지질학적 특성을 잘 보여주는 산이다. 특히 주왕산국립공원의 주 관광로인 주왕계곡에는 높은 단애의 지형들이 잘 발달되어 있는데, 장군봉, 기암, 망월대, 급수대, 학소대 등의 암봉은 주상절리, 판상절리, 수직절리 같은 지질학적 특질을 지니고 있어 관광 명소 이상의 의미가 있다. 봄에는 주왕산과 지리산 정도에서만 자생한다는 수달래(물철쭉)가 골짜기를 따라 피어 아름다움을 더하고, "국가의 안녕과/ 주왕산 찾는 사람들 안전 기원하며/ 주왕의 넋 기리는 수달래제"(「수달래제」)가 매년 봄에 열려 관광객들의 발길을 잡는다.

주왕산의 한 끝자락 청송읍 부곡리에 있는 달기 약수는 조선 철종 때 금부도사禁府都事를 지낸 권성하權成夏가 벼슬을 버리고 낙향하여 이 곳 부곡리에 살면서, 동리 사람들을 모아 수리 공사를 하다가 바위틈에서 솟아오르는 약물을 우연히 발견한 데서 비롯되었다고 한다. 그가 물맛을 보자 트림이 나오고 뱃속이 편안해진 효험이 있었다는 소문이 퍼지면서 이후 위장이 불편한 사람들이 애용하기 시작하여 약수터로 개발되었다. 달기 약수는 철분과 탄산의 성분이 매우 높아 상어 기름 맛처럼 미식거려 그냥은 거의 먹을 수 없을 정도여서, 약수터 근처에는 상인들이 엿을 팔고 있다. 시인의 「달기 약수탕」의 대목을 보면, 약수탕 주변의 이런 재미있는 정황을 알 만하다.

약효 제일 좋다는 하탕에는
외지에서 대형버스로 온 관광객 여관에 머무르며 요양하고
인근의 주민들 똬리 틀어 노천 약물 떴다
철 성분의 황톳빛 부시레기 가라앉은 돌바닥
물 고이기를 못 참고 바가지 화음 깔면
"엿 사요. 엿 사요"로 리듬 타는 엿장수
"엿 먹어야 약물 많이 먹을 수 있다"는 선전
외지인들 주머니 털어낼 때 보개토(*옷에 달린 주머니)에 볶은 콩 내들고
"밭에서 나는 쇠고기도 물맛 당긴다"고 고신내로 반박할 때
"사카린만 넣으면 사이다요"라는 장사꾼의
달달한 유혹은 지금도 아쉬운데
뜬 약물 홈에 놓으면 효과 없다고 하여
주변 철 성분이 든 작은 돌 몇 개 넣어서
끌어안았다가 머리에 였다가 양손 번갈아 들고 오면
귀하게 나누던 모습 살아 꿈틀이는데
닭백숙 닭 불고기 산채비빔밥이 홍보하는 약물의 효험
―「달기 약수탕」 부분

　　상탕 중탕 하탕 신탕 등의 바닥은 모두 철분이 높아 짙은 적갈색을 띤다. 이 약수는 아무리 많이 마셔도 배탈이 나지 않으며, 마신 즉시 트림이 자주 나는 특징이 있다. 이 물로 밥을 지으면 철분 때문에 색깔이 연둣빛처럼 파랗고 찰진 밥이 된다. 효능은 빈혈·위장병·관절염·신경질환·심장병·부인병 등에 특효가 있다 하여 각처에서 모여드는 사람들로 연일 장사진을 이룬다. 따라서 약수터 주변에는 약수로 끓이는 닭백숙 집이 여럿 있는데, 여름철에는 '서울식당' 한 집에서만 닭 일천 마리를 끓인다.
　　주왕산국립공원 안에 위치한 달기 약수터 주변에는 천연

기념물 부곡 왕버들의 서식지와 월외 폭포, 청송민속박물관 등이 자리하고 있어 달기 약수터의 관광자원으로서의 가치를 더하고 있다.

주왕산국립공원의 내주왕 지구에 위치한 주산지注山池는 중생대 백악기에 분출한 경상 누층군 유천층군 치밀용결응회암 위에 만들어졌는데, 이 암석은 암석 내에 광물이 치밀하게 붙어 있어 물이 통과하기 어려운 지질에 속한다. 주산지는 경종 원년(1721) 10월에 준공한 인공호수로 인근 60여 가구의 농토에 농업용수를 공급하고 있다. 신기하게도 주산지의 물은 아무리 가물어도 바닥을 드러낸 적이 없다고 한다. 주왕산 연봉이 흘러 내려 울창한 수림으로 둘러싸여 있는 주산지는 150년 이상이 된 왕버들, 떡버들, 능수버들 등 30여 그루가 뿌리에서부터 높이의 절반가량 물에 잠기어 있어 신비로운 아름다움을 자아낸다. 물안개가 피어오르는 새벽녘에는 몽환적인 경치에 빠져 들고, 해가 지는 무렵에는 붉은 노을이 비치어 환상적인 경관에 매료된다. 300년이 넘는 세월의 흐름에, 저수지 기능으로 조성한 주산지는 저수지 형태란 찾아볼 수 없고, 그저 깊은 산맥 속에 박혀 있는 보석 같은 호수로만 보인다. 원앙새, 다람쥐 등 동물들도 깃들이어 사는 이 곳은 어느 계절이나 다 아름다움의 특징이 두드러지나, 오색 단풍이 든 가을철이 가장 볼 만하고, 겨울철에는 눈 내려 덮인 언 호수에 몸 담그고 있는 왕버들 고목의 빈 가지들이 조각 작품처럼 아름다운 경치가 일품이다.

청송군 동북부의 주왕산 경관지구와 대비되는 서남부의 신성계곡 경관지구는 방호정 효길, 자암적벽 길, 백석탄 길의 3구간으로 정리된다. 보현천과 길안천이 합류해 15km 구간을 흐르는 신성계곡은 청송 8경 중 1경으로, 방호정에서부터 백석탄까지 계곡을 따라 흐르는 물은 안동의 낙동강으로 흘러든다. 이 곳은 물이 깨끗하고 넓은 자갈밭과 울창한 소나무 숲 등이 있어서 사람들이 많이 찾는 지역이다.

방호정과 금대정사, 우모정寓慕亭, 지악정芝嶽亭 등이 자리 잡고 있는 방호정 길을 따라 하류로 가다 보면, 청송군 안덕면 신성리와 고와리를 잇는 신성계곡의 중간 지점에 침식 작용에 의해 생긴, 붉은빛을 띤 절벽이 강줄기를 따라 웅장한 자태를 뽐내고 있다. 옛 청송 사람들은 이 곳을 자줏빛 감도는 바위라 하여 '자암紫巖'이라 불렀는데, '적벽赤壁' 혹은 병풍바위라고도 한다.

백석탄 계곡은 청송 8경 가운데 으뜸이라는 신성계곡 안 제3구간에 자리 잡고 있다. "유네스코 세계지질공원 포토존 백석탄/ 장황한 설명 뒤로/ 펼쳐진 풍광 여태 모르고 살았네// 첩첩산중 오지 중의 오지인 고향의 대명사/ 소멸 위기 지역이 가로채는 중"(「백석탄에서」)이라는 대목을 보면 신순임 시인도 백석탄을 찾아본 것이 그리 오래지 않은 것 같다.

백석탄은 유네스코 세계지질공원 명소이기도 하다. 경북 10대 관광 콘텐츠에 선정된 백석탄 계곡은 청송군 안덕면 고와리를 지나며 흐르는 하천을 따라 개울 바닥의 흰 바위가 오랜 세월 동안 독특한 모양으로 깎여 만들어진 포트홀(돌개구멍) 지형을 이루고 있다. 편편하게 패인 포트홀과 항아리 속처럼 깊게 패여 나간 포트홀들이 물을 담고 곳곳에서 신기한 아름다움을 선사한다. 오랜 세월 동안 침식되어 하천 바닥에 작은 홈이 만들어지면 물의 힘에 밀려 운반되던 자갈들이 소용돌이치는 홈 속을 돌면서 그 부분을 깎게 되고, 그것이 긴 시간에 걸쳐 항아리 모양의 구멍으로 발달하는 것이다. 그리하여 수천만 년 동안 회오리 계곡물에 침식된 새하얀 바위들이 흰 대리석 산맥의 조형도마냥 눈부시도록 아름다운 광채를 뿜어댄다. 조선 인조 때 김한룡이 고와 마을을 개척하고 시냇물이 맑고 아름다워서 고계라고 칭하였다 하며, 선조 26년(1593) 고두곡이란 장수가 왜군에게 부하를 잃고 이 곳을 지나다가 경관이 아름다워 고와동이라 개칭하여 마음의 상처를 달랬다고 전해지고 있다. 옛 사람들이 낚시를 즐겼다고 전해지는 조어대, 낚시하다가 주위 풍경에 절로 시상이 떠올랐다는 가사연이라는 소가 있다.

신순임 시인의 연작시 「친정 가는 길」과 「청송」, 「오선동」 등 여러 시편에서 읊고 있는 청송의 자연과 명승, 지질공원에 대한 내용을 약식으로만 진술해도 이 정도이다. 시인은 '산소카페'라는 상표를 얻은 청송군의 청정자연과 빼어난 경관을 자랑함과 동시에, 국내외 관광객이 폭증하고, 특히 라이더들의 해방구처럼 되어 가는 형국에 자연경관의 훼손을 크게 우려하는 마음을 시로 진중하게 표현한 것이다.

3

이 번 시집에서 주목되는 것은 명가의 가문과 인물, 유교적 문화전통과 풍속, 농사와 절기의 미덕 등에 대한 시적 천착이다. 세종대왕의 현비^{賢妃} 소헌 왕후의 가문과 그 덕망을 소상히 다룬 「소헌 왕후의 내향」은 그 시적 형상의 예지가 예사롭지 않다.

풍수지리를 중하게 여겼던 선인들은 청송에서 해가 뜨면 제일 먼저 보광산 문림랑군 심홍부의 묘소에 해가 들어 명산이라 소문이 자자했단다. 청송 심씨는 3왕후 4부마 13정승을 배출한 명문가로서 덕천리, 감연리에 집성촌을 이루고 있다. 임진왜란 때 의병으로 대승한 벽절공(심청)과 합방 당시 병신창의^{丙申昌義} 의병대장 소류(심성지)를 기리는 벽절정과 소류정을 미루어 보면 후손들은 그 덕과 얼을 기려 충절의 고장을 입증하고 있음을 잘 보여준다.

─「소헌 왕후의 내향」 부분

산골 오지의 청송이 속현屬縣에서 도호부로 승향陞鄕된 것은 소헌 왕후의 인덕에 따른 일로서 유일한 사례라고 한다. 시인이 "이 고요한 산 중에서 궁궐과의 거리 생각하면/ 왕과 왕후는 하늘이 내린다고 하는 말이 먼저 떠오르는데/ 선조들의 뿌리에 대한 긍지./ 지금의 잣대론 측정 불가라"라고 노래한 것도 그 같은 사정을 잘 말해 준다. 시인은 신라시대 의상대사가 창건한 보광사를 청송 심씨 시조의 묘에 제향하기 위해 소헌 왕후가 원당 사찰로 삼았고, 용전천이 범람하면 보광산으로 갈 수가 없어 망제를 지냈다는 찬경루, 보경사 경내의 만세루, 송덕비 10기를 향교에서 옮겨 모시고 있는 소헌공원, 선발된 3왕후(소헌, 인순, 단의)와 4부마 13정승이 취타대를 앞세워, 옛 정취를 재현 행진하는 '소헌문화제' 등을 소개한다. 무엇보다 "학문을 숭상했고 나라를 위하여는 분연히 일어났으며/ 척박한 산악지세에서/ 보은에는 나눔을/ 모자람에는 단합한 명분으로 역경을 이겨낸 순후한 인심은/ 배려와 나눔을 실천하는 청송사람들이 순박한 삶을 살아가는 모태가 되고 있음"을 강조한다. 그것은 동향同鄕에의 자부심이며, 그렇게 살아 내려 용을 써 보게 하는 명문가의 힘이라는 것이다.

「진보 향시鄕試」는 진성현에서 과거를 보았다는 구전의 근거를 학인하지 못하던 차에, 조선 후기의 문신 권복權馥이 관직 생활 중 여러 지역을 오가면서 체험을 기록한 기행일기 「곡운공기행록谷耘公紀行錄」이 어느 날 카톡의 창에 뜬 바, 그 중 「교남일록」에서, "1824(순조 24) 진보현에서 경상좌도 향시鄕試가 실시되어/ 무려 1만 900명이 초장初場에 응시했다"(「진보 향시」)는 사실을 근거로 써 나간 작품이다. 시인은 그런 기록적 사실을 따라,

호국충절의 고장

소헌 왕후에 대한 왕실의 보은으로 청송도호부로 승격하고
400여 년 지나 과장科場으로 채택되었다는 것은
경상좌도에서 지리적 여건이 충족되었음이라
예로부터 충을 실천하고 학문을 숭상하여 동국여지승람에서
"청송의 풍속은 검소하고 법도(인간의 도리)를 잘 지킨다.
또 사람은 순박하고 습속은 순후하다" 하였으니
나라의 미래를 이끌 인재를 뽑는 자리로써 더 우뚝한 청송
-「진보 향시」 부분

이라고 전개한 것이다. 실제로 「곡운공기행록」이 국립중앙도서관에 소장되어 있어 시인은 감격의 눈물을 흘리며, 그 사이 빼앗긴 시간이 안타까워 흘겨보는 마음 없지 않으나 요행의 위안을 숨기지 못한다. 문제는 그 많은 응시 인원을 수용할 수 있는 공간이 봉람서원과 신나이[신한新漢]일 것이라는데, 어떻게 확인해야 할지 난감하다는 것이다. 확인 작업은 또 어떻게 진행되어 해답을 얻게 되지 않을까 싶다.

「산남지역 덤불혼인」은 산남지역의 손꼽히는 권, 민, 신, 조, 동남, 서김 6문중 명문가끼리 이리 얽히고 저리 설킨 혼인 인맥을 다룬 작품인데, 각 문중의 역사적 내력까지 더듬어 그 흥미로운 의의를 더하고 있다. 혼인 인맥뿐만 아니라, 명문끼리의 계契를 조직하여 화목하게 지낸 일화를 형상한 작품 「대성계」도 솔깃하다. 대성계는 고려 조정에서 불훤재 할배가 보우(신돈)에게 박해당해 가시 울타리에 갇히게 되었을 때, "이, 어진 어른을 이렇게 홀대할 수가 있느냐"고 항변한 바 있는, 소헌 왕후 조부(심덕부: 조선 개국 공신)의 덕천 문중과, 조선 개국 이후 불훤재 선생의 손자대에 멸문지화를 당하였으나, 개성에서 흘러흘러 청송 파천면 중들에 안착하여 효직과 수직으로 관작을 이어 낸 중들 문중이 주축이 되어 조직한 계이다.

"한 고을 안에서 큰 문중 이루고 미풍양속 유지 계승하며 나라가 위기에 빠졌던 임진왜란과 일제강점기에는 분연히 일어나 의병을 이끈 선비정신"의 양 문중은 선조 위선 사업에 있어서도 선의의 경쟁 상대이기도 하던 터라, 1960년대 중반 돈목하자며 대성계를 조직한 것인데, 회원은 중들 봉화 금씨, 덕천 아산 장씨를 합하여 4개 문중으로, 관내 집성촌에서 부러움을 사기도 했다 한다. 대성계는 특히 더운 여름날 중들 솔밭에서 정기모임을 하는 것이 예사였다. 이 때 회원들이 천렵한 물고기로 매운탕을 끓여 회식을 한 분위기는 "거하게 먹고 마시며 튼실한 돈목 확인했다는데 이날 중들 솔밭은 들고 꺼졌단다."라는 시인의 표현 속에 실감나게 함축되어 있다.

    태백 지나 정선 찾아가는 초행길
    두문동재 정상에서 만난 함박눈
    역사기록의 현장이라며 발목 잡아 가둔다

    끝끝내 조선의 개국 부정하며
    풀뿌리로 연명하다가
    활활 타오르는 불길 속에서도
    개경 향해 예 올려
    두문불출 낳은 고려 충신 72현 중
    의로운 삶 살며 절의 지키신 세분 선조와
    불훤재(신현) 할배 제자들
    아리랑 아리랑 아라리요로
    두고 온 모든 걸 달랬다지
    ─「두문동 재를 넘으며」 부분

이성계의 역성혁명으로 고려가 멸망하고, 통치이념이 불

국佛國 정신에서 숭유억불의 성리학적 윤리로 바뀌자 사대부나 지식계층은 인식의 혼돈에 봉착하게 되었다. 충신 불사이군의 도덕률에 맞닥뜨린 고려인들은 일대 가치관의 혼란에 빠질 수밖에 없었던 것이다. 결국 고려의 정신을 지키려던 충신들은 대개가 처형되거나 초야로 몸을 숨겼다. 여말선초의 그 같은 긴박한 상황 속에서 고려유신高麗遺臣 일파가 개경을 떠나 경기도 개풍군 광덕면 광덕산廣德山 서쪽의 골짜기를 비롯해 여러 오지로 흩어져 피신, 은거하였다. 그 중에는 깊고 깊은 오지 강원도 정선으로도 숨어들어 두문동재라는 고개 이름이 생겨난 모양이다.

 고려 말기의 유신들이 새 조정인 조선에 반대하며 벼슬살이를 거부하고 은거하여 살던 곳을 두문동杜門洞이라 하게 되었는데, 개풍군 광덕산 골짜기의 경우, '고려의 유신인 신규申珪 · 조의생曺義生 · 임선미林先味 · 이경李瓊 · 맹호성孟好誠 · 고천상高天祥 · 서중보徐仲輔 등 72인이 끝까지 고려에 충성을 다하며 지조를 지키기 위해 이른바 부조현不朝峴이라는 고개에서 조복을 벗어던지고 이 곳에 들어와 새 왕조에 출사하지 않았다. 이 때 조선왕조는 두문동을 포위하고 고려 충신 72인을 불살라 죽였다고 전해지고 있다.' 이렇게 고려유신들이 숨어 든 두문동에 관해서 조심스러이 전설처럼 구전되다가, 여러 세대가 지난 영조, 정조, 순조조에 이르며 공식적인 논의가 이루어지고, 정조 때에는 조정에서 그 자리에 표절사表節祠를 세워 그들의 충절을 기리는 등, 더러는 충신의 절의를 인정도 해 준 기록물이 전하게 되었다.

 기록에 의하면 두문불출한 고려유신 72현 중 『두문동실기杜門洞實記』(성사제의 후손인 성석주成碩周(1649~1695)가 그의 조상에 관한 일을 기록한 책)에 순은醇隱 신덕린申德隣, 신순申珣, 신우申堣, 퇴우당退憂堂 신익지申翼之, 신기申淇 등의 이름이 보이는데, 이 기록에는 두문동에 들어갔다는 기재가 없거나 다른 지역에서 은거한 것이 분명한 사람은 기재를 보류하였다고 한다. 『두문동록杜門洞錄』(김진근金振根 지음, 1928)에 신안申晏, 『두문동실기』・『두문동록』에서 이름이 누락된 인물로, 신라 박씨 충헌공파 대종회의 72현인 목록과 대조한 자료에 신석申釋, 신자악申自嶽, 신포시申包翅, 신이申彛 등의 이름이 기록되어 있다. 그 외 재령 이씨 창원종친회에서 2012년 10월에 발간한 『초역두문동서원지』에 기록된 인물들 가운데 신씨申氏가 여럿 있다. 신순임 시인의 시 「뿌리」에 두문동 72현 중 불훤재 할배의 제자가 상당수 있었다고 한 바 있었듯, "두문불출 낳은 고려 충신 72현 중/ 의로운 삶 살며 절의 지키신 세 분 선조와/ 불훤재(신현) 할배 제자들"은 그렇게 희생되거나 환란을 피해 은거하였던 것이다.

  고려 개국공신 집안이었으나 조선의 개국으로 발생한 이념의 충돌로 핍박을 피할 수 없었던 고려유신으로서의 생존이나 연명에 관해서는 시인의 앞 시집 『친정 나들이』(2021)에서 심도 있게 다뤄진 바 있다.

  멸문지화를 당하게 된 판사공은 조부(불훤재)의 스승 역동과
인연 짚어
  개성에서 예주(*옛 영해)로 낙향하시어 고려가 멸한 소식 접하고 동해에 몸 던지시니
  김삼근 부자와 문도 13인이 의관장으로 스승에 대한 예 다하고 종적 감춘다
   -「불훤재 3대의 사제지간」 첫 부분

  고려개국 공신으로 조선을 살아내기는 상상을 초월했다
  불사이군不事二君을 목숨으로 건 청절淸節은
  두 번의 멸문지화 당하는 환란으로 은둔하는 삶 살게 되었는데

> 낡아버린 왕조의 충절을 피력할 수 있는 것은
> 가냘픈 붓끝으로 새 역사의 궁핍한 변명 기록하며
> 관향까지 바꿔 일곱 고을[七邑] 옮겨가며
> 더 맑게 살아내는 것이었다
> ―「안분당 사람들 이야기」 첫 부분

이처럼 고려 개국공신의 후예는 멸문지화를 당하거나 스스로 목숨을 버리거나, 아니면 은둔의 시공時空 속으로 잠적해 들어갔다. 장절공 38세손 신순임 시인의 직계 조상은 관향까지 바꿔가며 예주·원주·상주·청주·진성·야성·청송 등 일곱 고을을 전전하며 위기의 시절을 맑게 살아내었다. 시대의 정치적 희생물이라는 불우한 형국에서도 신 시인의 조상들은 충효의 근본정신과 학문(성리학)의 정통을 잇는 부단한 노력으로 다시 과거시험을 보게 되어 관작을 이어내며 가문의 뿌리를 공고히 다져 갔다.

앞서 말했듯, 칠읍을 전전한 끝에 300여 년 전 지금의 경상북도 청송군 파천면 중들(중평리)에 정착하여 여대麗代 3국 빈사(고려 공민왕, 원 태종, 명 태조의 스승)를 지내고, 성리학의 기초를 닦은 불훤재 선생의 종택 '안분당安分堂'을 가꾸어 명가의 뿌리를 내린 것이다. 시「인심 꽃 피고 지는 중들」, 「중들인이여」 등은 선조들의 어진 성정과 의연한 선비정신을 받들어 중들에서 가문의 명예를 지키고, 인심 꽃을 피워 새로운 시대적 미풍양속을 선도한 내용을 표현한 작품이다. 명가의 오랜 전통의 생활양식은 그 상징성과 지혜로움이 두드러졌는데, 정중한 혼인식이라 하더라도 장가든 신랑을 골탕 먹이는 온갖 장난을 벌이고(「취객 맞이」), 새 가정이 생겨나서 다음 세대를 이어갈 아이를 임신하면, '마루 끝에 앉지 마라', '울타리나 담 넘지 마라', '남을 미워하거나 악담하지 마라', '살생하지 마라' 같은 태교의 지혜를 열거해

위험성을 방지하게 했다(「태교에 대하여」). 태교의 언어에는 '오리 고기 먹지 마라'(*물갈퀴 발 된다고), '닭고기 먹자 마라'(*닭살피부 경계), '생강 먹지 마라'(*육손 난다고)처럼 허황된 말도 없지 않으나, 현대 의학이나 과학적 연구 결과 환경이 태아에게 미치는 영향이 크다는 사실은 무시할 일이 아니다.

"열 사람 점심은 혼자 할 수 있어도 한 위 제사는 혼자 못한다" 는 부담감 가득 안은 제사 드는 날
제사 모시기 전의 마음가짐과 제사상 차림과 제사 모신 후에서도 오로지 후손 잘되기를 바라는 맘은 경전經典 지어
커가는 아이들 조상에 대해 자연스레 눈 공부시키며, 정성 다하는 모습으로 경건하게 다가서게 했지
─「제사에 대해」첫 부분

반가班家의 법도 중 으뜸은 봉제사 접빈객이다. 제사는 돌아가신 조상을 기억하고 그 혼백을 초대하여 만나는 예식이다. 저승에서의 안녕과 후손 잘되기를 소원하는 예식이기도 해서 제사상 차림에서부터 제사의 절차와 예법이 엄연하여 마음가짐과 몸가짐을 청결히 하였다. 특히 불천위不遷位(큰 공훈이 있어 영원히 사당에 모시도록 나라에서 허락한 신위) 제사를 모시는 명가에서는 문중 친족들이 모여 제사의 규모가 엄청나게 된다. 신 시인의 「제사에 대해」에서 제사 드는 날 후손들이 경계해야 할 일들과 실행해야 할 일, 지혜가 되는 법도를 상세히 진술해 놓고 있다.
제사는 대를 잇는 일과 직결된 문제이다. 우리가 어릴 적만 해도 할아버지들은 자식이나 손자의 장가들임을 서두르며 '손자/ 증손자가 늦어질까 봐', '대가 끊어질까 봐'라는 말로 명분을 내세웠다. 제사 지낼 자손이 없어진다는 것은

상상도 할 수 없는 일이었으며, 조상에 대한 크나큰 불효는 물론, 죄악이었다.

종통 이으려는 의지 맘대로 할 수 없는 것임에도 아들 못 낳으면 칠거지악七去之惡으로 몰아붙였으니 한 가문의 대를 이을 아들에 대한 생각은 오히려 여성에게서 더 가혹했던 것 같다.

거기에 샤머니즘까지 더해지면 상상 이상의 악행도 서슴없이 저질러 인권이란 말 발 디딜 곳도 없었다는 시절
안분당 안방에서 가끔 들었던 말 늘어본다. "첩사이 들였다더라". "바람피워 아들 안고 들어왔다더라". "씨받이였다더라". "공들이러 절에 갔다더라". "공들여서 아이 얻었다더라"는 말 속에는 어떻게라도 혈연적 관계로 뒤 이으려는 욕망이 컸음을 짐작하게 한다. 정실부인의 무한한 인내심 강요했음은 측은지심 너머 분노를 느끼게 하지만 시대 거스르기 안 되니 서원에서 행하는 향사에 대한 얘기 미루어 실례 들어 본다
「대는 이어야지」첫 부분

제사 지낼 '아들'을 낳지 못하는 여자는 칠거지악의 관습으로 내쫓거나, 남편의 재혼 혹은 시앗들이기에 불만 없이 묵묵히 살든지 하게 했다. 시 「대는 이어야지」는 이처럼 득남의 논리와 아들 선호사상을 선명하게 드러낸 작품이다.
「청송 꿀사과」에서 보듯, 청송은 원래 고추와 담배농사의 고장이었다. 1960년대 중반 무렵 새로운 개념의 사과농사가 개발, 확산되면서 청송은 곧장 최고의 사과 산지의 고장으로 떠올랐다. 등고선 높은 청정 지역의 큰 일교차로 꿀맛 질감의 사과가 생겨나 '청송 꿀사과'의 명성이 높아지자, 신개념의 사과농사는 전국으로 확산되어 갔다. 그러다 보니 높은 가격을 받기 위해 박스갈이 짝퉁 청송사과가 쏟아져 나와 경찰에 단속되는 사건이 심심찮게 뉴스를 타곤 한

다. 「평산농원」에 나오는 "복숭아 아오리 시나노골드 로얄 부사 추위(가을 자두)"의 '시나노골드'는 일명 '황금사과'라는 품종인데, 청송에서 먼저 시범 재배된 것이라고 한다.

  물론 청송은 여전히 고추농사를 일정 농토에서 짓고 있으며, 일손이 너무 많이 드는 담배 농사는 희소할 정도로 줄어들었다. 콩과 감자, 참깨 들깨, 무와 배추 같은 밭농사와 약간의 벼농사가 이어지고 있지만, 농촌인구의 감소와 고령화에 따른 일손 부족으로 더러는 개망초, 미국쑥부쟁이들이 무성한 묵밭이 되고 있다. 더욱이 너도나도 노령연금 타 먹으려 이장, 군의원, 도의원 볼 때마다 다그치고, 상당수의 노인들이 요양원 신세를 지게 되니 농촌은 피폐해지고 있는 것이다(「형태만 남은 고향」).

  시절의 안타까움 속에 시인은 덕동마을 민속품 전시장을 둘러보고, 도지는 옛 정, 옛 풍물에 대한 그리움을 달랜다. 골골이 마을마다 전통의 문화가 있었고, 미풍양속의 미덕이 있었지만, 산업화의 물결로 풍속은 급변하였다.

    안동댐 생기기까지 골골이 토호들은 나름의 문화 가졌고
    문규^{門쌨}의 힘으로 질서 유지하였는데
    그 시절 산첩첩이던 내 고향 중들[中坪]에도
    산업화 물결 밀려와 도회지 이주 본격화되며
    귀하디귀한 설탕 라면 연탄이 보편화되고
    가마대기에 기왓장 갈아 닦던 놋제기 대신
    스텐 제기가 제사상 오르고
    함지박 고지박 봉세기가 플라스틱 바가지에 자리 뺏겼고
    이웃끼리 빌려 쓰던 농기구도
    일 잘해 품앗이 대신 다니던 황소도
    다용도로 힘쓰는 경운기에 밀려났는데
   ―「그리움 달래기」 첫 부분

이른바 조국 근대화 운동 이후 농촌인구의 이농현상은 증폭되었고, 스텐레스 그릇과 플라스틱 생활용품이 부엌과 집 안을 차지했다. 시대적 경박성과 그 편리성, 그리고 저렴한 가격 때문에 품격이 있고 없고는 관심 밖의 일이었다. 덕동 마을 민속 전시장의 한 생 다한 세간들을 보며 시인은 "7읍 종손 할배 내리사랑 되살려/ 근본 잊지 않고 본분 다하려 마음 다잡는다".

친가와 시가 모두 명문 종택의 사람인 신 시인은 명가의 전통과 집성촌 부락민들의 생활양식이나 미풍양속에 깊이 연관된 삶을 살아왔고, 유심히 관찰해 온 만큼, 농사의 절기와 세시풍속에 대한 시적 형상을 소홀히 하지 않고 있다. 「24절기 따라 살았다네」의 경우, 입춘에서부터 소한 대한에 이르는 기간 동안 24절기에 따른 농사의 절차와 과정, 생활과 풍속을 긴 호흡의 장편으로 구현해 놓았다. 그 가운데는 '풋구 먹고'라는 어구가 있는데, 「퇴비 증산 운동」의

> 음력 7월이면
> 내년 농사지을 밑거름 준비하는 농부들
> 땡볕이 여물리는 알곡들 건네 보며
> 그간의 노고 다독여 풋구 먹으며
> 막걸리 힘 빌려 체력 비축하는데
> 초부들에겐 크나큰 위안이며 버팀목인 풀베기 대회

라는 대목이 그 절기적 상황과 의미를 암시해 준다. '풋구'라는 말은 '호미씻이' 등 여러 이칭異稱이 있는데, 경상북도 청송군에서 음력 7월 초중순 무렵에, 농사일로 수고한 이들을 놀려 주는 풍습으로, 청송군에서는 주로 '풋구 먹는다'라고 말한다. 안덕면 현남 일대에서는 '회취 먹는다'라고도 했는데, 반상의 구분이 없어진 오늘날에는 세 벌 논매기가 끝나

고 퇴비용 칠월 풀베기를 한 뒤 마을 사람 전체가 휴식의 잔치를 한다.

　절기에 따른 농사와 농민의 삶, 시절마다 적시適時에 정해져 행사되는 세시풍속에 대한 의미와 전통적 양식들을 시인은 「농사의 날」, 「정월 대보름」, 「귀신 단오에」, 「수릿날」, 「단오 천렵」, 「소만 떡과 영풀 베기」, 「주토」, 「기우제」, 「삼굿」(*삼[대마초] 삶기), 「납일」, 「농부의 정식 휴가」, 「88번」 등등에서 입담 좋게 표현하였다. 시로서의 의의뿐만 아니라, 문화적 전통과 생활양상의 변모 과정 등의 정리라는 기록사적 의미도 작지 않아 보인다. 명문名門과 한 지역 부락민들의 각종 예법과 농사 절기, 세시풍속 등이 실제적으로 실현된 현장에서 직접적으로 체험한 사실의 기록이라는 점에서, 정사正史가 다 다룰 수 없는 풍속 문화적, 민속학적 기록사로서의 의의가 크다 할 것이다.

4

　장절공 12세손인 불훤재 선생의 종택 안분당을 지키고 있는 신순임 시인의 친가에는 시인의 노老부친이 계시다. 시 「아부지를 고발합니다」라는 작품에서 '요양병원 입원 7년차 아부지'라고 한 걸 보면 부친께서는 고령에 거동이 많이 불편한 상황에 있음을 짐작할 만하다. 생신날 딸의 정성에 "효라는 것에 부담이 지워지면 안 된다시" 아버지는 당신 선대에 대한 효심 다 짚어 갚음하신 터라, 시인은 "아부지 이 중성을 고발합니다"하며 법도를 올곧이 지켜 사신 부친의 곧고 정결한 성정을 절절히 읊고 있다. 그 부친은 "내 손자는 종손 못 되지만 외손자는 종손 될 수 있다며/ 영남 명문가 들춰 기필코 회재晦齋 종부 자리 앉히신 아부지"시다. 그러니까 시인의 부친은 안분당 셋째인데, 장자는 요절한데다 1남 1녀마저 홍역으로 뒤따랐고, 대구에서 교편을 잡던 차자는 핏덩이(유아)를 장손 양자로 내어놓으니 결국 '황망한 종가 보양은 삼자에게 책임 지워진'(「안분당 셋째로서」, 『친정나들이』) 것이었다. 가문의 영예를 지켜 온 신 시인 부친이지만 그 형제 중 셋째여서 종가가 될 수 없으니 종손을 둘 수 없고, 신 시인은 회재 선생 가문의 종부로 시집갔으니 아들을 낳으면 그 아들이 종손이 된다는 사실을 말하는 것이다.

  봉제사와 대代 잇기가 최대의 업무요 임무였던 시절에 첫딸을 낳은 따님(신순임 시인)에게 "또, 딸을 낳으면 친정으로 고개 돌리지 말라."하시고, "몸과 집 치산治産 잘해 친정 욕보이지 말라"고 신신당부하신 아버지시다. 시인은 그런 부친의 삶과 일생을 시집의 후반에서 회억하며 시로 형상화하고 있다. 집안의 많은 이들이 시절을 좇아 도회지로 나갈 때, 시인의 부친은 "큰집 보양과 종손 교육 짊어진 삶의 무게를" 감당해야 했으며, 부엌 구석의 금복주 대병大甁소주에 절어빠진 중발의 왕소금 안주 삼아 지문이 닳도록 나날을 경영해 오신 분이다. "팥죽 끓듯 변덕 부리는 농산물 가격"에 빚지고도 견뎌내던 힘, 이제는 소진하여 지게는 뒤안 축담에서 퇴색되어 가고, 황초굴은 골다공증 앓는 듯 허술해지고, 경운기는 담장 밑에서 잠자듯 방치돼 있다. 요양병원에 계시며 "좋아도 슬퍼도 먹었던 술/ 좋은 음식이나 탈이 있다"고 술에 대한 경험적 정의를 내리고, 적당히 경계해야 할 음식임을 술회하신다(「아부지가 빌린 힘」).

  논둑에 구멍을 내는, 보이지 않는 전선戰線의 두더지라는 놈과 승산 없는 대적을 되풀이하며 평생 농사일을 하시고(「무승부」), "산간 개간하며 천수답 가꾸던 노력들"(「아부지 수첩 정리하며」)의 아버지에 대한 시인의 애틋한 마음이 가득하다. 아버지의 손때가 묻고, 아버지와 연관된 기물들(홍택, 거름대, 황초집, 국화빵 등)도 시의 영역으로 들어와서 연민의 상징처럼 자리잡고 있다.

이 장*에는 불훤재 종택 선영-순빈재(신예) 할배, 연남재(신영석) 할배, 물천공 할배 내외를 비롯한 조상들의 사연 많은 묘소에 대하여 상세히 기록하고 있다. 그 가운데에 국자박사(신중명) 할배, 불훤재(신현) 할배, 간재(신용희) 할배 등 3位의 묘소는 만주 요동땅 어디에 있다는 것인데, 쉬이 가 볼 수도 없을 뿐만 아니라, 실제로는 산소를 확인할 수 있는 표적이 있기나 할는지도 모르는 일이라는 것이다. 분단의 철조망이 가로막고 있는 상황에서 답사도 할 수 없는 세월이 마냥 길어지고 있으니 통일 염원에 애간장을 녹일 수밖에 없는 것이다.

시가에서 아무도 불러주지 않는 중들띠이
아부지 우인께서
"친정 나들이" 시집 받으시고
감사 인사 전하러 전화하시어
"중들띠이껴"?
띵
답 못하고 우물쭈물하는데
"길가, 따님 아이껴"?
띵
다시 우물쭈물하다가
아부지 자* 앞에서
기어드는 소리로
"예, 맞니더" 하노라니
노쇠한 택호가 찌릿해진 가슴에
따신 말의 꽃 피웠다
중들띠이
활자로 한 친정 나들이
또 다른 이름으로

무첨당 안주인 내력에 당당하게
　　기록되는 순간이다
　　　「중들띠이」 전문

　신순임 시인의 시에는 청송 토박이말이나 경상도 방언이 적잖이 섞여 있다고 하였거니와, 시 작품 속의 '군디(그네), 마카(모두 다), 수금포(삽), 궁디(궁둥이) 가마이(몰래)…' 같은 어휘들이 다 그런 말들이다. 경상도 이외의 사람들에게는 시 「중들띠이」의 '띠이'가 생경할 터인데, 「호국의 달에」에 '고무실골띠이, 추월띠기, 토영띠기, 관어대띠이, 신당띠이, 뒷두들띠이, 함양띠이'처럼 여러 번 나온 '띠이' 혹은 '띠기'는 '댁(宅)'이라는 말의 청송 방언 발음이다. 시집온 여자에게 서로 통칭할 수 있는 호칭으로서 택호를 지어 주었는데, 대개는 그의 친정 마을 이름을 따서 '~댁'이라고 한 것이다. 예컨대, '사곡댁'이면 사곡에서 시집 온 여자임을 말해 주는 것이다. 이 때의 '댁'을 청송 사람들은 실 호칭에서 '사곡띠이' 혹은 '사곡띠기'라고 하는 것이다. 아울러 택호는 그 남편의 호칭으로도 작용하여 '사곡 어른', 동료간에는 '사곡'으로 불린다.
　시 「중들띠이」는 시인의 제5시집 『친정 나들이』를 받아보고, 인사차 저자에게 전화를 걸어 "중들띠이껴?(중들댁입니까?)"하며 말 건넨 내용을 형상한 작품이다. 택호는 시댁 마을에서 호칭하기 위해 지어 주는 것인데, 정작 경주 양동 시가 쪽에서는 아무도 불러 준 적이 없는 택호를 고향 어르신이 불러준 것이다. 고향 마을(청송)에서는 여전히 여성의 택호를 부르고 있지만, 평소에 거의 들어 보지 못한 택호를 듣자 생경한 느낌을 받은 시인은 잠시 뜻밖의 일이라 '띵'하였을 것이다. 그러나 시인은 "노쇠한 택호가 짜릿해진 가슴에/ 따신 말의 꽃 피웠다"라며, 또 다른 이력의 기록적 의미로 수긍한다.

5

 이 시집의 맨 끝에는 산문「중평교 건설에 대해」와「아부지와 미룬 여행」이 우뚝하니 자리잡고 있다. 가난한 시골에서 교량을 건설한다는 것은 큰 사업에 속한다. 마을 자산 판매금, 집집의 분담금, 발로 뛰어 구한 출향 인사들의 찬조금 등으로 우여곡절 끝에 섶다리를 걷어내고, 신식 철근다리 중평교를 건설하였다. 교량건설추진위원장을 맡은 시인의 부친(신두현)과 새마을지도자를 맡은 현골 할배(신재준)의 선도적 역할이 컸다. 새 교량의 건설로 마을 사람들의 자긍심을 드높이고, 돌을 날라 도운 아녀자들의 교육관을 넓히는 계기가 되었으며, 젊은이들에게 새로운 세상으로 나아갈 용기를 키우게 하였다. 뿐만 아니라, 공들여 수확한 농산물의 유통을 원활하게 하여 주민들의 경제적 수익도 증가하는 계기가 되었다.
 이런 일보다 조금 앞서서 "마을 청년들은 야학을 통해 신문물을 받아들여 성리학의 초석을 다지신 불훤재(신현), 간재(신용회) 선조의 업적 갈무리고 살았던 500년을 세상 밖으로 드러내는 시발점 삼으며 농촌 계몽운동에도 적극적"이었었다. 당시에 조직된 4H 구락부 노랫말에는 고향 사랑 고향 자랑의 언어가 광휘를 뿜어낸다. 새마을운동의 열기로 시골길 포장도로 사업이 이뤄지자 한편으로는 농경문화의 미풍양속이 퇴색돼 버리는 현상도 빠르게 전개되었다. 출향 인사들이 고향 산천에서 편안히 잠들려던 소망마저 봉안당(납골당)으로 모셔지는 상황이나, 오랜 세월을 억척스레 살아낸 시간을 돌봐 주는 이 없음을 안타까이 여긴 신순임 시인은 "그래서 얇은 견문일지라도 한 줄 기록으로 남겨 고생하신 마을 분들에게 감사의 맘을 전하고 싶었다."라고 적었다.

1418년(세종 즉위년) (진보현 속현인 청부현이) 소헌 왕후 심씨의 본향이라고 청부현과 진보현 두 고을 명칭 한 자씩 따서 청보군으로 승격한다. 소헌 왕후 심씨를 기리기 위해 1423년(세종 5년) 청송을 도호부로 승격한다. 이때 현으로 독립한 진보현은 1474년(성종 5년) 고을 사람이 현감을 모욕했다는 이유로 폐현되어 청송도호부에 편입되었다가 1478년(성종 9년)에 복구된다. 1895년(고종 32년) 2차 갑오개혁으로 진보현이 진보군으로 개편되고 1914년 조선총독부는 청송군에 편입시킨다. 남면은 청송군 파천면 일부로, 북면은 영양군 영양면, 입암면의 일부로, 동면은 영양군 석보면, 동면의 낙평리는 영덕군 지품면으로 편입된다.
　　파천면의 일부는 중들까지인데 고구려 시대에는 청기현靑己縣이었고 신라에는 적선積善으로 불리었단다.
　　-「아부지와 미룬 여행」첫 부분

　　세종 즉위년부터 행정구역 중심의 진보현과 청송군의 역사적 변천을 정리하고, 진보현의 일부가 지금의 영양군, 영덕군, 청송군 등의 일부 지역으로 편입되어 있는 옛 진보(진성)현의 역사와, 네 문중(평산 申門, 안동 權門, 동래 鄭門, 전주 崔門), 5대 명승지, 이태조李太祖의 영정影幀 전설과 영정 모신 전각 건축 일화, 퇴계 선생의 6대조 호장공戶長公의 묘에 얽힌 전설과 명당 이야기(*호장공 6대 후손으로 퇴계 이황이 태어남), 진성현 돌아보기(진성현의 명물, 명산물, 성씨와 집성촌, 서원과 정자[봉람서원, 풍호정, 신정, 백호서당, 송만정, 세덕사, 기곡재사, 남경대]) 등을 여행하고 낱낱이 기록한 것이「아부지와 미룬 여행」이다.
　　글의 말미에 시인은 언제나 미루며 부모님과 여행 한 번 못해 본 스스로를 돌아보며, 명가의 종부로서의 법도를 가르치신 아버지에 대한 사모의 정과, 유교적 삶의 절도와 예법이 시대의 변천에 따라 많이 흐려지고 있는 현실의 모순

속에서, 한 번도 아버지의 당부를 거역하지 않고 법도와 격식을 지켜 살아온 날들을 정리해 놓았다. 친가 시가 모두 대명문인 신순임 시인의 상황과 그 삶의 역정歷程을 곰곰이 생각해 보고 이해한다면, 목 메임 없이는 읽기 어려운 장엄한 글이다.

　신순임 시인은 고령의 부친이 중환자실에서 여러 번의 고비를 넘기는 위중한 상항 속에서 가르침 받고, 보고 겪고 실천한 유가儒家의 정신과 전통을 기록해 보자는 결심을 하였다고 한다. '미뤄 온 아버지와의 여행'은 아버지와의 효도 여행도 관광도 아니다. 아버지의 기억을 더듬어 미루어 왔던 고향의 역사 탐방 문화 기록의 여행이었다. 600년 대물림된 아버지의 삶과 기억이 가문의 정신사이고 전고典故인데, 병석에 계신 아버지와 진작 함께 더 하지 못한 것을 억울해 하며, 시인은 낙천 할배(신재승)와 조용하 어른에게 도움을 청하기도 하며 진성현 역사 탐구여행을 이어 간 것이다. 그분들에게 여쭙고, 전화하고, 청송군 홈페이지를 통해 확인하면서, 명문名門의 굴곡진 역사와 연비연사聯臂連査, 학풍과 문화유산(종택, 서원, 향교, 정자 등), 미풍양속, 절기에 따른 농가의 생활상, 세시풍속과 전통놀이, 고향 청송의 토속어와 사투리 등을 시의 형식으로 가꾸고 품어낸 것이 신순임 시인의 이번 시집이다.

　신순임 시인의 시집『친정 나들이·둘』의 시를 제대로 읽고 해독하고 정중히 평설한다면, 두꺼운 한 권의 책은 되어야 할 성 싶다. 그의 이번 시집의 시편들은 청송의 청정한 자연경관을 배경으로 한 명가의 역사적 인물과 기풍, 학풍과 문화적 전통, 아울러 함께 더불어 사는 농가의 생활상과 인심, 풍속과 농사 절기, 지역 명물과 농특산물 등을 절절하게 읊은, 어마어마한 사건이다. 시로서의 의미뿐만 아니라, 역사적, 문화사적, 민속 및 풍속사적, 그리고 기록사적 의미까지

갖게 되는 것이라는 생각이 든다.
 첨단의 인공지능 시대에, 그 상징성과 미학적 구조성이 견고하였던 유가의 전통과 미덕을 새삼 되새겨 보는 것도 의미 있는 일이라는 사실을 신순임 시인의 이번 시집이 증거하리라 믿는다. 「아부지와 미룬 여행」의 한 부분을 옮기며, 글을 맺는다.

 부모님과 한 번도 여행을 못 해 본 딸이다. 언제나 미루었다. 여행이 사치라고 여기시는 부모님을 설득할 방법을 찾지 못한 무지를 무엇으로 표현하랴. 사는 것에 최선을 다하며 주변인들에게 피해를 끼치지 않으려 노력했다. 부모님께서 강조하시던 역할에 충실하며 염치를 잃지 않으려 애썼던 시간들이 이제 변해 버린 사회 통념으로 인해 안타까움을 자아낸다. 부모님께서 그렇게도 지키려고 애썼던 봉제사 접빈객은 이제 겨우 명맥만 이어져 가는 것이 현실이다. 누구를 원망할 수도 없이 시대가 그렇게 변해 버린 것인 가운데 나는 아부지가 그렇게도 원하시던 종부의 삶을 살고 있다.
 이젠 내 입으로 종부란 말이 흘러나올 만큼의 종부 수업은 길었다. 밭어른 상중에 혼인하여 30여 년을 층층시하에서 익혔던 종부의 삶. 이젠 이마저도 탈색되어 간다. 아직 갈 길이 먼데 시대를 쫓아가지 못한 중년의 종부를 아부지는 아직도 지지하시며 응원의 말씀 아끼지 않으신다. 환자의 입장으로서 딸에게 전하는 말씀은 "뒤 끝은 있다." "접빈객 소홀히 대하지 마라" "아이들 뒷바라지 힘들다고 여기지 마라" "치산 잘해라", 늘 조심하라는 말씀이다. 그 말씀대로 격식에 맞는 삶 영위하려 무단히 단속했던 시간들에 한 번도 항명하지 못했던 것은 친정 욕보이지 않으려는 마음가짐이 있었다. 부모님이 계신 동안은 채찍질하며 지키려 애썼다. 그것이 큰 집에 보낸 큰 뜻임을 알았기 때문이다.
 처음 아부지가 중환자실에서의 고비를 넘길 적에는 아무 생각을 할 수가 없었다. 그저 이 고비를 넘기기만 빌었다. 그 후로도 몇 번의 고비를 넘기면서 생각을 정리했다. 부모님께서 내게 주신 유전인자 속 가장 확실한 유가의 삶에서의 태도들을 정리해 보자였다. 안녀자가 뭐 그리 대단한 것을 알겠는가마는 부모님이 실천하시던 삶 속에서 보고 행했던 것들이라도 기록해 보자였다. 다행히 종부의 삶 자체만으로도 상당 부분 자료가 되었다.*